Übersetzt aus dem Schwedischen von Astrid Arz.

Frida
Memoiren eines Hundes
Schreibhilfe und Fotos: Oscar Hedlund

Rasch und Röhring Verlag
Hamburg–Zürich

Fridas Buch

Dieses Buch handelt von Hunden. Insbesondere von einem Golden Retriever, der Frida heißt, und einem Labrador namens Svea.

Ich kenne die beiden ziemlich gut, seit zehn beziehungsweise drei Jahren. Aber das macht mich noch lange nicht zu einem Hundeexperten, qualifiziert, ein Buch zum Thema zu verfassen. Ich bin nicht mal ein »richtiger Hundekenner«. Aber ich mag Hunde. Sie schaffen es, daß ich mich manchmal wie ein Mensch fühle.

Hier sieht man sie unter dem Couchtisch liegen. Sie haben zwölftausend Jahre gebraucht, um dorthin zu gelangen. Zunächst wachten Hunde treu vor den Höhlen des Menschen. Dann wechselten sie auf festgestampften Lehmboden über. Wenn ich Svea heute mit Unschuldsmiene zielstrebig in die verbotene Bequemlichkeit des Schlafzimmers entweichen sehe, wird mir klar, weshalb die Annäherung der Hunde an den Menschen schon immer etwas Listiges hatte.

Svea hat eine Pfote auf ihre Freundin Frida gelegt; sieht das nicht unwiderstehlich rührend aus? Dabei haben sie sich erst kurz zuvor um einen alten Ball gestritten, und Frida hat gefährlich geknurrt und ihre Beißer gebleckt. Bei so etwas kriegt Svea immer einen vergrätzten Zug um ihre Seehundschnauze, und das Weiße in ihren Augen schimmert melancholisch. Aber sie weiß, daß das Leben trotz allem weitergehen muß, bis zum nächsten Ball oder Stock.

Die meiste Zeit liegen sie da und führen kleine intime Gespräche. Ich bilde mir gern ein, daß sie über mich reden. Hunde können billigerweise über nichts anderes als Menschen reden. Wir dominieren doch ihr ganzes Leben. Wir haben Macht über sie, wir sind die Gebieter über ihren Futternapf, wir ziehen die Leine an oder geben ihnen Freiheit.

Oft irritiert es mich, daß ich die Sprache der Hunde nicht beherrsche. Unsere Sprache verstehen sie schließlich. Sie sind verständnisvoll und lieben uns absolut zuverlässig.

Das wäre doch eigentlich ein Thema für ein Buch.

Aber statt dessen ist dieses Buch zustande gekommen. Das heißt: Ursprünglich war es ein anderes Buch, das »Meine Hundejahre – ein Buch über den Menschen als Haustier« hieß. Frida hat es geschrieben. Ich habe die Fotos gemacht. Sämtliche größeren Verlage lehnten dankend ab, nach Meinung ihrer Verleger zerzausen Bücher schreibende Hunde offenbar ein respektables Verlagsprofil. Dafür ließ sich eine Werbeagentur erweichen.

Ein schreibender Hund war anscheinend eine lustige Idee. Für dreizehntausend Menschen, die sich lange ge-

Frida und Svea geben der alten Kunst der Konversation eine ganz neue Bedeutung.

nug gefragt hatten, worüber Hunde eigentlich reden, wurde es die Erleuchtung. Das Buch hat die Werbeagentur überlebt, und Frida bekommt immer noch Briefe nachgesandt: *»... liebe Frida, kannst Du mir bitte helfen, an Dein wunderschönes, aber vergriffenes Buch heranzukommen?«* beginnen sie oft.

Wir haben uns lange überlegt, ob wir das alte Buch wieder auflegen sollten. Es wird ja von Bibliotheken, Antiquariaten und in den Lesezirkeln der Hundeclubs am Leben erhalten. Fridas altes Buch war ein Sammlerobjekt geworden, begehrt wegen seines Seltenheitswerts.

Aber plötzlich kam etwas ganz anderes dazwischen, etwas, womit keiner gerechnet hatte: Svea, eine kleine Labradorhündin.

»Wie könnt ihr nur so aberwitzig sein, einem alten Hund einen Welpen ins Haus zu bringen«, so warnte uns der eine oder andere sogenannte Hundeexperte.

Dieser Pessimismus wurde mit zwei unterschiedlichen Argumenten begründet: a) Der Welpe wird bestimmt nicht akzeptiert und im schlimmsten Fall totgebissen, oder b) der alte Hund siecht dahin, von Eifersucht und Gram verzehrt.

Wir hatten aber den Eindruck, daß Frida sagte: »Immer her mit dem jungen Hund!«

In ihren unwahrscheinlich braunen Augen lag schon immer ein edelmütiger Schimmer.

Wir hielten den Atem an und setzten die pummelige Svea vor Frida auf den Boden. Vorsichtig beschnüffelten sie sich. Dann wedelten die Schwänze wie Propeller, Fridas elegante buschige Rute und Sveas Mäuseschwänzchen. Vom ersten Augenblick an hatten sie einen wunderbaren Draht zueinander.

»He, steh nicht bloß dumm rum . . . hol schon die Kamera raus«, meinte ich Frida sagen zu hören, denn im Lauf der Jahre ist man ja einigermaßen hellhörig für ihre Instruktionen geworden.

Also ist dieses Buch daraus geworden statt des anderen. Und es handelt von der Freundschaft zwischen Frida und Svea. Die Menschen betonen doch immer, wie wichtig es ist, »Kontakt« miteinander zu haben und zu »kommunizieren«; daß man Rücksicht auf andere nimmt, sich freundlich und positiv begegnet, sich respektiert, daß die alten und die jungen Leute sich eigentlich so viel zu geben hätten und so weiter. Menschen können jedenfalls leicht darüber reden. Zwei Hunde zeigen, wie es in der Praxis aussieht. Davon handelt dieses Buch.

Aber es wird gemunkelt, daß es eigentlich vom Menschen handelt. Präziser ausgedrückt: wie es für den Hund ist, den Menschen als Haustier zu halten.

»Menschen verbreiten sich immer massiver und tauchen mittlerweile in den überraschendsten Zusammenhängen auf«, hat Frida in einer knappen und weltweit bekannten Erklärung formuliert. Fast über Nacht war sie berühmt geworden. Außerhalb Schwedens erschien ihr Buch zuerst in Norwegen im ruhmreichen Gyldendal-Verlag, souverän übersetzt und bearbeitet von Rolv Wesenlund, dessen eigene Popularität im skandinavischen Raum die Aufmerksamkeit nicht gerade schmälerte.

Danach kam ihr Buch in England heraus, und wer Frida sozusagen an die Leine nahm und sie auf den Weltmarkt hinausführte, war Jilly Cooper, Kolumnistin des »Mail on Sunday Magazine« und Autorin einer Reihe sehr erfolgreicher Hundebücher.

». . . dieses Buch lege ich all denjenigen wärmstens ans Herz, die nicht nur lauthals lachen, sondern auch wis-

sen möchten, was eigentlich im Kopf eines Hundes vorgeht«, schreibt Jilly Cooper im Vorwort zu »My best loved sticks«, by Freda.
So heißt sie nämlich in England, Freda.
In der eigens nach ihr eingerichteten Fernsehserie war sie wieder dieselbe alte Frida. Herrchen dagegen leckte sich lüstern die Schnauze und stolzierte aufgeplustert einher. Da fand Frida es an der Zeit, in sich zu gehen und sich zu besinnen:
»Joan Tate hat mir doch unermeßliche Hilfe geleistet, die, die auch Astrid Lindgrens englische Übersetzerin ist . . . Und ist es nicht unvermeidlich, daß man ein Fernsehidol wird, wenn Margaretha Krook das Reden übernimmt?«
Jetzt zieht ihr Buch seine Kreise bis nach Dänemark, Finnland, Holland, in die Bundesrepublik Deutschland und in die USA.
»Meine Memoiren« werden dann in sieben Sprachen gelesen. »Aber die Menschen sind überall die gleichen . . . sie riechen und klingen bloß unterschiedlich«, meint die kleine Svea, die eigentlich am meisten darauf aus ist, berühmt zu werden.
Dieser deutschen Ausgabe (in der Übersetzung von Astrid Arz) lag eine neue, umgearbeitete Fassung von »Mina bästa pinnar« (Meine besten Stöcke) zugrunde. Der Text wurde teilweise umgearbeitet, es gibt mehr und spannendere Fotos. Der eine oder andere neue Stock oder Ball ist hinzugekommen, das gilt auch für die neuesten Gerüche dieser Welt.
»Ein neues Buch zu schreiben ist zwar immer Knochenarbeit, aber hinterher schmeckt es einfach besser«, meint Svea.

Vasapark, im März 1985
Oscar Hedlund

Die Sache mit dem Jungsein

»Was ist das eigentlich, dieses ›Jung‹sein?« fragte die kleine Svea.

»Und was heißt dann ›alt‹ sein?«

Zuerst wollte ich ihr antworten, daß alt ist, wer sich danach sehnt, wieder jung zu sein, aber das wäre etwas zu philosophisch ausgedrückt für einen zehn Monate alten Welpen.

»Man kann sagen, was die Jungen von den Alten trennt, das ist ›das Gatter‹«, sagte ich statt dessen und griff damit zu einem Vergleich, den sicher alle jungen Hunde verstehen.

Danach ging ich dazu über, Svea in groben Zügen über das Eigentümliche am Jungsein aufzuklären.

»Im allgemeinen ist man erst mal eine Weile jung«, sagte ich. »Danach wird man alt. Das ist aber nicht nur eine Frage des Alters, sondern ebensosehr auch ein Gefühl.«

Und schon war ich wieder ins Philosophische abgerutscht. Deshalb nahm ich einen neuen Anlauf, um es ihr zu erklären.

»Ich sollte dir vielleicht ganz einfach erzählen, wie es war, als ich selber jung war«, lautete mein Vorschlag, mit dem ich im Nu Sveas kindliches Interesse weckte.

Trotz ihrer tragischen Ereignislosigkeit ist es doch eigentlich eine ganz nette Geschichte; man kommt dabei immer wieder auf dieses und jenes.

Manchmal schauderte Svea richtig und sträubte das bißchen Fell, das sie damals erst hatte.

Neugierig und ein wenig mißtrauisch trabt Svea in die große, weite Welt.

Vor dem Gatter erwartet jeden Welpen eine harte Wirklichkeit, mit der er sich auseinandersetzen muß. Svea fing gleich damit an.

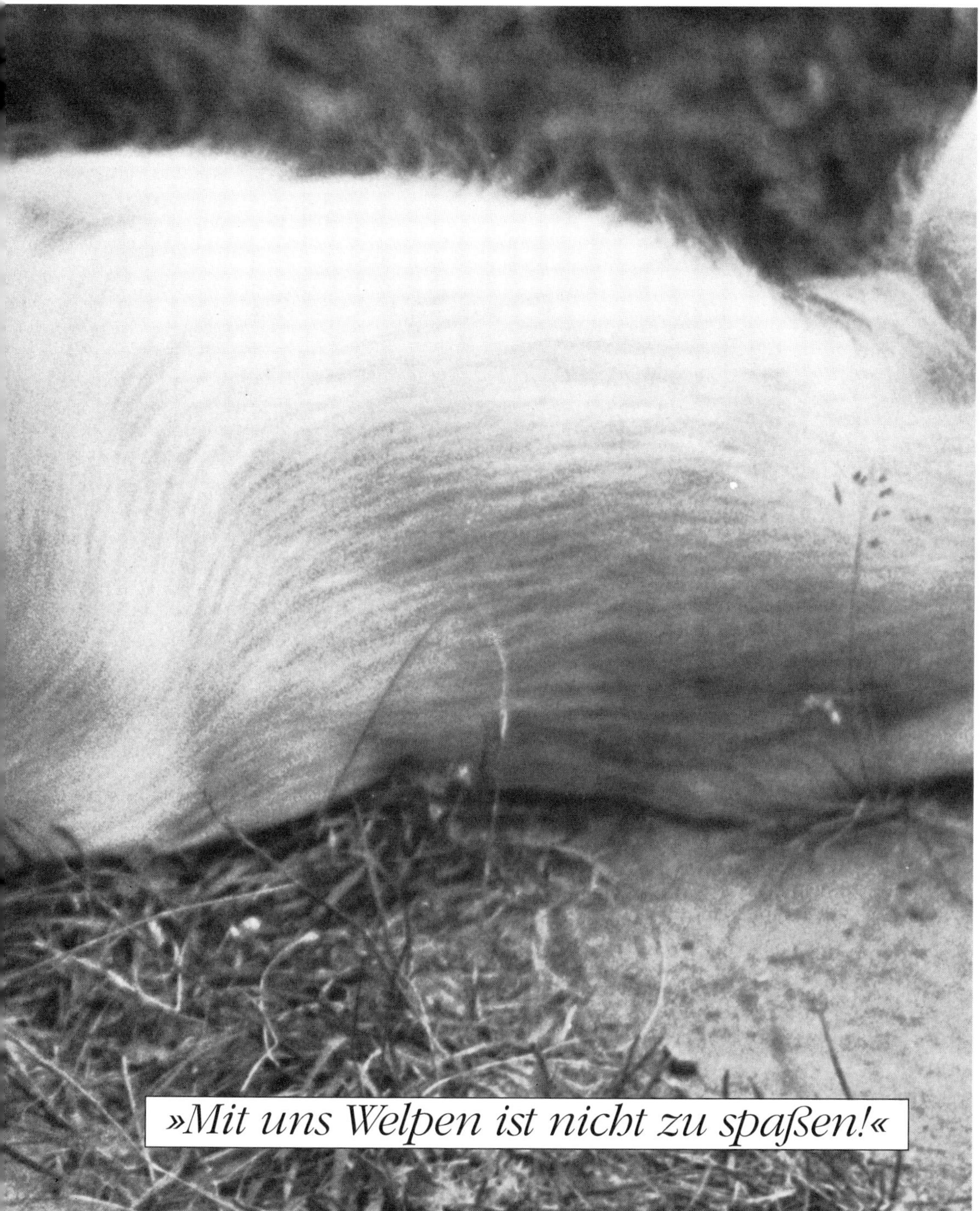

»Mit uns Welpen ist nicht zu spaßen!«

Svea gefiel von Anfang an das Gatter nicht. Irgendwie war es ihr einfach im Weg, wenn sie sich in die Welt hinauswagen wollte.
Ich nickte zustimmend.
»Ja, mein liebes Kleines, wir alle erinnern uns an das Gatter unserer Kindheit. Welpen müssen sich hinter Gattern aufhalten – alle möglichen Gatter.
Aber weißt du, dahinter brauchen kleine Hunde sich überhaupt nicht eingesperrt zu fühlen, im Gegenteil!
Hinter diesem Gatter nämlich macht jeder Welpe ruhig und geborgen die erste große Entdeckung seines Lebens . . . sich selbst.«
Svea sah so nachdenklich aus, daß mir klar war, jetzt mußte ich von meiner eigenen Welpenzeit erzählen.
Wir waren ein Wurf von zehn Welpen. Ich glaube nicht, daß wir viel an dieses Gatter gedacht haben; ich erinnere mich eher an eine stille Ländlichkeit, die wir kleinen Dinger tagaus, tagein mit Lärm und Dummheiten belebten. Unsere Mutter hieß Lisa und war ein herzensguter, aber an der honiggelben Außenseite ein bißchen rauher Golden Retriever. Mutter Lisa mußte uns kleine Schlingel schon gehörig streng halten!
Um eins war meine Mutter Lisa besonders bemüht: Junge Hunde sollten so frühzeitig wie möglich mithelfen und Verantwortung übernehmen. Sie hatte eine ziemlich pfiffige Art, ihr Ziel zu erreichen:
»Amüsiert euch nur, Kinder!« sagte sie leichthin.
Da verging mit einemmal allen die Lust, sich zu amüsieren. Statt dessen machten sich alle Welpen an kleine nützliche Beschäftigungen, beispielsweise einfachere Stöckchen holen, nicht auf den Teppich pinkeln, nicht am Kabel vom Fernseher knabbern, nicht unter der Zauntür am Ende des Weges durchrobben.
Etwas tragen, vielleicht ein kleines Blatt, wurde auch akzeptiert. Wichtig war ja nur, daß man etwas trug.
»Blätter mag ich auch, die kitzeln im Mund«, fällt Svea aufgeregt ein.
Sveas Mutter, die Petra heißt und die freundlichsten Augen hat, die man sich denken kann, erklärt ihren Kleinen auch jedesmal, was es mit dem Jungsein auf sich hat:
»Ich sage immer: Am wichtigsten ist es, daß man ihnen das Gefühl gibt, sie sind zu etwas nütze, damit sie nicht bloß faulenzen und keine andere Aufgabe haben, als nur süß und niedlich zu sein . . .«
Wie Mütter es gerne tun, tauschten wir unsere Erfahrungen mit dem Unverstand von Welpen aus.
»Verzogene Kinder, unnütze Jugendliche«, sagte ich.
»Manchmal muß man sie vorsichtig am Nacken beuteln«, meinte Petra.

Alle aufregenden Sachen und feinen Gerüche waren hinter dem Gatter, wir warteten sehnlichst auf den Tag, an dem wir es verlassen konnten.

Svea schnappte sich ein kleines Blatt, das sich vorzüglich für sie eignete. Aber sie sah so nachdenklich aus, daß ich merkte, sie wußte immer noch nicht so recht, was es eigentlich heißt, ein Welpe zu sein.
Deshalb fand auch die kluge Petra, es sei das beste, es einfach so zu sagen, wie es ist:
»Bevor man groß ist, müssen alle klein sein. Darum sollte man darauf achten, daß man genauso klein ist, wie man eben ist. Man braucht nicht zu versuchen, sich so groß zu machen, wie andere es verlangen. Sei darauf bedacht, Svea, das Kleinsein zu genießen! Du wirst schnell genug groß. Dann heißt es das Großsein genießen . . . So jedenfalls ungefähr ist es mit dem Leben.«
Da sah Svea sich ihren Bruder Charlie an, einen der schlimmsten Rabauken in ihrem Wurf. Dann sah sie mich an. »Ist doch eigentlich nicht normal, so 'n Riesenunterschied!« seufzte sie.
Deswegen fing sie auf der Stelle mit dem Großwerden an.
Svea begriff rasch, wie es meistens ausgeht, wenn ein kleiner Welpe versucht, einem großen Hund einen Stock abzunehmen.
»Ich werd' dich Mores lehren«, drohte ich mit einem gurgelnden Knurren hinter meinen gewaltigen Hauern.

Gewisse Begegnungen aus seiner Kindheit vergißt man nie.

Elin schien eine geeignete Testperson… Aber mit der Gebrauchsanweisung konnte was nicht stimmen.

Elin war viel größer, als sie aussah!

Die Welt ist voller Stöcke, man muß nur zugreifen. Aber für welche Größe soll man sich entscheiden?

»Mores lehren?« hickste Svea.

Das »Mores-Lehren«-Spiel ist ein feines Spiel, das wir früher mal von Mutter Lisa gelernt haben.

»Es ist nur zu deinem eigenen Besten!« pflegte Mutter Lisa zu knurren, wenn sie uns ihre kleinen einschüchternden Lehren erteilte und die Zähne bleckte.

Alle meine kleinen Geschwister erschreckten sich furchtbar, wenn sie so böse wirkte, und quieksten vor Entsetzen. Aber gleichzeitig sah es auch ziemlich ulkig aus, also dachten sie sich kleine Streiche aus, damit Mutter Lisa uns Mores lehrte und knurrte, es sei »zu unserem eigenen Besten«.

Ich lernte das »Mores-Lehren«-Spiel und probierte es auch gleich an Nachbars Terrier Elin aus.

In aller Einfachheit ging es so zu, daß ich zuerst abcheckte, wie Mutter Lisa es machte, wie sie mich einfing, wie sie mich vorsichtig an meinem Welpenspeck packte und mich umwarf, schließlich auch, wie sich so ein dumpfer Drohlaut anhört. Danach konnte ich mich mit Zuversicht an die kleine Elin wagen.

In dem Moment, als ich von der erbosten Elin umgeworfen wurde, ging mir denn doch auf, daß die Sache mit dem Kleinsein nicht bloß mit der Größe zu tun hat.

»Ein kleiner, vierjähriger Terrier kann sich nämlich als unheimlich groß erweisen«, warnte mich Mutter Lisa.
Es kommt noch etwas Eigentümliches hinzu, das »Erfahrung« heißt. Mit so etwas kann man es vermeiden, allzu häufig umgeschmissen zu werden. Aber den Kleinen das zu erklären hatte noch ein Weilchen Zeit, meinte sie.
Wir blieben lieber bei friedlichen Spielen mit netten Bällen und Stöcken, als die grimmige Elin Mores zu lehren. Doch jedesmal standen wir erneut vor folgendem schwerwiegenden Problem: Welchen von all den vielen Stöcken sollte man nehmen?
»Schnapp dir am besten einen *genau richtigen* Stock«, sagte Mutter Lisa.
»Genau richtig?« quiekten wir und schnappten uns erst einen unheimlich kleinen, dann einen riesengroßen Stock.
Jetzt bestätigt Svea seufzend, daß das Leben wirklich nicht leicht ist.
»Mein ganzes langes Leben lang werde ich wohl nach einem Stock suchen, der ›genau richtig‹ ist«, sagte sie in feierlichem Tonfall.
Denn schließlich bedeutet jeder Stock eine Entscheidung, eine Stellungnahme, Freude und Leid . . .
Stöcke können den nettesten Welpen geizig, ja sogar boshaft werden lassen, wenn's hart auf hart kommt. Aber Stöcke können auch bei jedem Welpen gute Eigenschaften aufleuchten lassen: Freundlichkeit, Frohsinn, Großzügigkeit . . . ich kann mich noch gut erinnern, wie es damals mit Pojke war! Die graue, wehmütige Schnauze meiner Mutter schimmerte immer mild, wenn sie etwas an Pojke erinnerte.
»Er war einer meiner Brüder, vielleicht der liebste von allen. Ich nahm ihm immer seine besten Stöcke weg. ›Das macht mir gar nichts‹, sagte Pojke, ›bedien dich nur, Frida, Hauptsache, es macht dich glücklich . . .‹ Später verschwand er im Norden und bekam ein gutes Zuhause bei einem netten Klempner. Es heißt, daß Pojke sich seither nie mehr so recht mit Stökken anfreunden konnte und lieber die Strümpfe vom Klempner kaute.«

Ein wichtiges Erlebnis im Leben jedes Welpen ist »der erste Streich«. Ein »Streich« ist nicht unbedingt mit einer »Dummheit« gleichzusetzen. Der Streich ist spannender und kommt einem irgendwie gefährlicher vor. Dummheiten lösen in der Regel nur ein kleines »Oijoijoi« oder »Igittigitt, du kleiner Dreckspatz« bei Herrchen oder Frauchen aus. Ein »Streich« dagegen kann direkt zu einem Klaps aufs Hinterteil führen! Oder mindestens zu einem herzhaften »Pfui!!«.
»Der Klaps kommt früher oder später ganz gewiß«, versuchte ich Svea schonend, aber bestimmt beizubrin-

 gen. Svea schauderte und begriff, daß ich jetzt zu den aufregenden Sachen kam.

»Bevor ich weitererzähle, mußt du wissen, daß weder ›Streiche‹ noch ›Dummheiten‹ schlechte Taten sind, mit der Absicht, etwas Schlimmes zu tun. Man begeht sie aus Unwissenheit oder Abenteuerlust, meist, wenn man noch jung ist, so wie du, Svea . . . Manche allerdings hören ihr ganzes Leben lang nicht auf, Dummheiten zu machen.«

Bei der gräßlichen Erinnerung an meinen ersten Streich wird mir richtig schwarz vor Augen. Ich sehe immer noch ein rot angelaufenes, wutentbranntes Herrchen vor mir und dazu Herrchens beste Halbschuhe, genauer gesagt, den linken.

»Er hat sich irgendwie eingeklemmt«, sagte ich einfach. »Zwischen meine kleinen Welpenzähne . . .«

Sveas Fell sträubte sich ein bißchen, so aufregend fand sie diese Sache. Es ist im Flur passiert, ganz tief unter dem Schuhregal. Dort lagen sie, die Schuhe. Ich fand sofort Gefallen an ihrem kostbaren Geruch und dem vorzüglichen Leder, das meinen kleinen, aber scharfen Nagezähnen einen so hervorragenden Ansatz bot. Ein angenehm geflochtener Schuh mit den richtigen kleinen Zwischenräumen kann einem Welpen wirklich viel Freude bereiten – Kaufreude! In der sanften Beleuchtung des Flurs, in seiner friedlichen Stille hat dieser Welpe jenen Schuh genossen, Stück für Stück. Was danach noch übrig war, brachte er brav seinem Herrchen, das in der Fernsehecke vor sich hin döste. Es lag nämlich schon immer in der Natur des besagten Welpen, sich seiner Umwelt mitzuteilen.

»Die Schuhe . . . zu Hilfe!!! Oh, Gott, oh, Gott, was hast du mit meinen Schuhen gemacht, Frida?!«

Das ganze Herrchen bebte, röchelte und schnappte nach Luft. So aufgeregt

Während Herrchen wegen seines Schuhs tobte, verzog ich mich und überdachte meine Lage.

Manchmal, wenn Svea sich vergaß und mir dazwischenbuddelte, wies ich sie sanft knurrend in ihre Schranken.

Ich ließ sie gerne beim Schnüffeln mitmachen, vorausgesetzt, sie ließ sich »Mores lehren«.

und außer Fassung hatte ich ihn nicht mehr gesehen, seit das Fernsehen einmal mitten in »Dallas« den Geist aufgab. Seine Stimme klang hart, aber auch verzweifelt.

»Ach was, ein Paar Schuhe sind doch nicht die Welt!« tröstete Frauchen.

»Diese Schuhe *sind* die ganze Welt für mich ... *Kanaille*!« schmollte Herrchen.

Und er grollte den ganzen Abend. Wenn ich daran zurückdenke, blicke ich etwas gedankenverloren in die Weltgeschichte:

»Viel später im Leben sollte ich verstehen, daß teure Halbschuhe den Menschen nicht nur Freude bereiten. Sie bereiten ihnen auch jede Menge Sorgen; die Angst, daß die Schuhe kaputtgehen, verlorengehen, häßlich werden, aufgefressen werden. Genauso ist es mit allen anderen Dingen, derentwegen die Menschen sich solche Sorgen machen ... Farbfernseher, Stereoanlagen, Kameras, Autos, Krempel, *Sachen*! Eine Menge tolle Sachen, die sie sich anschaffen, um zufrieden und sorglos zu sein.«

Svea wollte wissen, wie gut teure Halbschuhe eigentlich schmecken?

»So wie ein richtiger Streich«, antwortete ich ernst. »Erst ein bißchen süß. Dann tut einem das Hinterteil weh, nach dem Klaps!«

Und noch etwas müssen Welpen wissen.

»Übrigens nicht bloß Welpen ... da müssen sich alle auskennen«, sagte ich mit pädagogischem Nachdruck. Alle müssen »ihren Platz kennen«. Da sprang Svea auf und stellte sich in einiger Entfernung hin.

»Guck mal, hier ist ein Platz, den kenn' ich jetzt«, schlug sie lebhaft vor.

Ich seufzte bloß und hatte das unwiderstehliche Bedürfnis zu gähnen. Deshalb gähnte ich. Man setzt dann unwillkürlich diese Miene auf, die eine mittlere Vorlesung ankündigt:

»Mein liebes Kind, ›seinen Platz kennen‹ heißt nicht nur, eine bestimmte Stelle kennen. Es geht vielmehr darum, wie man sich im ›großen Auslauf‹ zurechtfindet; man muß die Witterungen aufnehmen, wissen, wie man sich zu benehmen hat, alles mögliche unter Kontrolle kriegen — kurz und gut: Es ist eine Frage der *Lebenseinstellung*.«

»Lebenseinstellung?« war Sveas Echo.

»Zum Beispiel, daß man bei seinen eigenen Stöcken bleibt, statt die von anderen Hunden zu zerbrechen!« knurrte ich. »Es geht nicht um den Stock als solchen ... sondern um *deinen* Respekt vor *meinem* Stock!«

Daraufhin ließ sie ein bißchen den Schwanz hängen. Svea hat eine ganz spezielle Art, Erwachsenen ihren Respekt zu zeigen:

»Ich glaub', ich leg' mich mal kurz auf den Rücken«, sagt sie dann.

Die Unterweisung kleiner Welpen kann manchmal auch ganz schön ermüdend sein.

Es ist ja auch angenehm, wenn man sich manchmal ausruht. Aber Svea kommt rasch wieder auf die Pfoten. Das Leben geht weiter.

Apropos das Leben mit seinen reichlichen Anlässen zur Freude: Nichts ist so nett wie Pfützen! Wasser, gerne; aber am liebsten Wasser mit Matsch drin. An dieser Stelle muß ich einräumen, daß ich einen Großteil meiner glücklichen Kindheit mit dem Suhlen in Pfützen und Matsch verbracht habe. Bei Svea zeigt sich auch schon ganz deutlich die Tendenz, daß sie von Pfützen angezogen wird, je matschiger, desto besser. Man kann sagen, daß das Leben von Pfütze zu Pfütze geht. Die Schlammpfützen unserer Erfahrung. In ihnen findet sich Aroma, Süße, alles, was den wahren Geschmack des Daseins ausmacht. Ich glaube, ich würde jetzt gern ein Gedicht vorlesen, das mir einmal in einem außerordentlich matschigen Graben in den Sinn kam:

Schlafmützen
finden keine Pfützen!

Es ist zwar nicht besonders lang. Aber es ist wahr. Ich bin den dornigen Weg gegangen. Als Welpe habe ich angefangen, da reichten meine kleinen Pfoten noch kaum an den Dreck ran. Aber mit der Zeit nehmen Welpen an Gewicht, Größe und vor allem an Erfahrung zu. Da erst spürt man, wie belastend der Druck von außen sein kann. Er beschwert einem die Seele wie Lehm. Man entdeckt das lauwarme, saubere Badewasser. Sie versuchen, mit aller Gewalt, glänzende Duckmäuser aus uns zu machen, angepaßte Konsumenten. Der Reklameköter wedelt verführerisch mit seinem manipulierenden Schwanz.

Halte dich an die ehrliche Schlammpfütze, Svea!

Svea hat sogar Reste von Schwimmhaut zwischen ihren Zehenballen. Sie ist dazu geboren, sich in den nächstbesten Teich zu stürzen, denn sie ist ein »Wasserapportierer«; so steht es jedenfalls in der Gebrauchsanweisung von Hundebüchern.

»Nicht, daß du dir darauf was einbildest, Svea, aber ich muß zugeben, du hast eine interessante Vorgeschichte«, finde ich.

Man kann sagen, daß Svea ungefähr so zustande gekommen ist:

Die Kabeljaufischer auf der Halbinsel Labrador brauchten eine nette, gelehrige und tüchtige Hunderasse, die ihnen bei der Arbeit helfen sollte. Ihren Labrador nannten sie zu Anfang »den kleinen Neufundländer«, weil er in etwa genauso ausdauernd und bereitwillig ins Wasser sprang, um eisige Tauenden und Schlitten zu ziehen oder den Fang zu holen.

»Deshalb ist dein Fell wasserdicht, Svea; bei Schnee und Kälte kommst

Svea hat die Liebe zum Wasser geerbt, und zwar zu jedem Wasser!

Das Wasser ist der Abenteuerspielplatz des Labradors.

Svea begibt sich zu gern und auf rührend tolpatschige Art in matschige Gräben…

…und weist den ganzen erdverbundenen Charme eines jungen Labradors auf.

Der Mensch kann den Charme von dreckigen Schlammbädern und ähnlichen Vergnügen nicht immer nachvollziehen.

du genausogut zurecht wie im Wasser, und dein Schwanz erinnert an den eines Otters, wenn du souverän durch die Wasserwirbel steuerst . . .«
Svea, dankbar für diese lehrreiche Information, hüpft sogleich kopfüber in den Teich, um der Sache auf den Grund zu gehen. Und sie hört gar nicht mehr auf damit.
»Lieber drauflosspringen, was das Zeug hält, denn später hockt man doch bloß vor der Glotze, genau wie Herrchen«, erklärt sie; es scheint, daß sie ins Trotzalter kommt.
Das Merkwürdige ist nämlich, daß anscheinend sämtliche Menschen bloß in der Jugend einen Riesenspaß in ihren Pfützen hatten!
Zu meiner Zeit war alles ganz anders, da hat man sich noch richtig amüsiert, sagen die Menschen oft und wikkeln sich fester in ihre Decken. Und nun recke ich meine hübsche graue Schnauze und stelle die Frage, ob Svea sich schon mal über folgendes Gedanken gemacht hat:
»Woran erkennst du, daß jemand alt geworden ist?«
»Sie kriegen 'ne graue Schnauze und werden belehrend«, kichert Svea.

Ein Reh aus Gips überrascht einen nie, man weiß immer woran man mit ihm ist – genauso geht es mir mit manchen Menschen.

Zur Sicherheit legt sie sich gleich auf den Rücken.
»Ich meine: irgendwie auf die *falsche* Art alt«, präzisiere ich und klopfe ungeduldig mit meinem Schwanz auf den Boden.
In solchen Situationen kann ich nämlich kaum die Antwort abwarten, weil ich es am liebsten selbst sagen möchte:
»Das Lebensalter hat eigentlich nichts zu sagen, wenn man ›alt wird‹. Alle altern früher oder später. Alt fühlt man sich, wenn man so langsam seine Neugier und Entdeckerfreude verliert. Dann kann einem mit einemmal nichts mehr Spaß machen, alles verliert seine Gerüche; Witterungen und Spuren führen nirgends hin . . .«
Viel zuviele Menschen sagen in altersschwachem Tonfall, daß früher alles lustiger, alles besser war:
». . . zu meiner Zeit war alles ganz anders.«

Sie sind wie Rehe aus Gips. Wie das Reh auf dem Foto heißt, weiß ich nicht, aber der Hund wohnt in Malmö und kommt manchmal, wenn man Ali ruft.

Es war einmal ein kleiner Welpe, der wohnte in einem Korb. Im Korb lag er warm und geborgen, fand der kleine Hund. Keine fremde Schnauze schaute über den Korbrand rein, überhaupt nichts Gefährliches durfte auch nur in die Nähe des Korbes kommen. Darum fand der kleine Hund es am besten, im Korb zu bleiben, sein ganzes Leben lang. Auch wenn es ihm manchmal langweilig und eintönig vorkam, durfte man nicht vergessen, daß es auf jeden Fall sicher war. Man kann sagen, der Ärmste verschlief sein Leben.

Plötzlich legte sich ein dunkler Schatten über den Korb. Es wurde ziemlich kalt und ein bißchen ungemütlich, fand der Welpe. Die Sonne war weitergewandert. Der Welpe dachte angestrengt nach und sah dabei auf eine Stelle am Boden, die ein Stück weiter weg war, wo die Sonne strahlte und lachte.

Zuerst versuchte er, es so zu machen wie immer: wieder einzuschlafen. Dann machte er das einzig Richtige. Der Welpe hopste aus dem Korb raus, raus an die Sonne, hinein ins Leben.

In einem hübschen Korb, von Frauchen getragen und geschaukelt, läßt es sich wohlversorgt leben — auf die Dauer aber etwas eintönig.

Hier dunkel und da hell? – wundert sich der Welpe über dieses Rätsel der Natur.

Vermutlich ist draußen im Leben mehr los als drinnen im Korb, denkt er sich.

Den Sprung ins kalte Wasser wagen!

36 Es war an einem Sonntag mitten im allerschönsten Sommer, als Svea und ich zur Badebucht gingen. Alle Hunde der Gegend hatten sich verabredet, weil die meisten sich an dem Tag freimachen konnten. Es war dieselbe Clique wie immer, nur die Setterin Scariff, die sich ihren Schwanz in einer Tür eingeklemmt hatte, konnte nicht kommen, weil sie ihren Verband nicht naß machen durfte. Der Schäferhund Lukas hatte sich auch entschuldigt, er machte einen Ausflug mit Herrchen im feinen Segelboot. Und dann natürlich der Pudel Sniff.

»Er darf sich nicht mit einer ›Bande halbwilder Rowdyhunde‹ rumtreiben, wie sein Frauchen immer sagt, wenn wir seine alberne Seidenschleife kleinkauen, die er auf der Birne tragen soll«, grinst Svea.

Also ohne Sniff. Dafür war ein neues Kerlchen da, das am Strand stand und zitterte.

»Guten Tag, ich heiße Flash«, sagte der Kleine.

Flash . . . *Blitz*! . . .

Svea mußte so lachen, daß sie Schluckauf kriegte, aber sie meinte es nicht böse.

»Grüß dich, mein Kleiner«, sagte ich in beschützendem Tonfall; aber Flash machte nur eine unglückliche Miene. Dieses Nasse da sah doch zu schrecklich aus. Und daß der Leonberger Marko seine hochnäsige Schnauze reckte

Nicht mal Sveas Anfeuerungsrufe waren Flash eine Hilfe, als er zum ersten Mal ins Wasser sollte.

und mit halbgeschlossenen Augen sagte, er sei es nämlich, der auf dem Badeplatz das Sagen habe, machte Flash auch nicht wagemutiger. Ihm war zum Heulen zumute.
»Komm, vergiß den Typ«, meinte Buster, ein *Old English Sheepdog.* »Der Marko markiert hier den großen Makker, solange er auf dem Trockenen steht, aber wenn der erst im Wasser gelandet ist, schlackerste ganz anders mit'n Ohren!«
Ich flüsterte Svea zu, daß Buster sich nur deshalb einer schlampigen Ausdrucksweise befleißigt, weil er von unendlich vornehmen Ahnen abstammt und jede Menge Champions im Stammbaum hat.
»Gerade um die Vornehmheit seiner Familie hervorzuheben, steigert Buster sich in eine Art Hunde-Kumpelhaftigkeit hinein«, erklärte ich ihr. »Dieses komische neue Kumpeltum findet sich auch bei reichen Menschen, die sich dafür schämen.«
Flash begriff nichts, denn das Wasser machte ihm erheblich mehr Sorgen.
Svea konnte das gut nachvollziehen; sie erinnerte sich, wie naß es gewesen war, als sie das erste Mal schwimmen ging.
»Los, geht jetzt alle mal hier zur Seite«, kommandierte Svea. »Also hier haben wir 'nen kleinen Kerl, der zum erstenmal ins feuchte Naß geht . . . also los, jetzt alle mal weg hier!«
Svea sagt gerne das überflüssige Wörtchen »also«, wenn sie sich ereifert und ein bißchen außer sich gerät.
Alle machten Platz – außer Marko. Der fing statt dessen an zu spritzen und zu plantschen und um Flash herumzuhüpfen, daß das Wasser in Kaskaden auffuhr und die Sonne in allen Tropfen glitzerte, und in der Badebucht entstanden ein Aufruhr und ein Krawall, daß man es in weitem Umkreis hören konnte. Alle überbellten sich gegenseitig, wie man einem kleinen Welpen am besten die Wasserscheu nimmt . . . Bälle rauswerfen? Stöckchen rauswerfen? Frauchen geht vor und lockt und schmeichelt? Den Welpen am kleinen Bauch naß spritzen? Am kleinen Rücken? Am Schnäuzchen . . .? Alle waren so damit beschäftigt, dem kleinen Flash zu helfen, daß sie ihn darüber ganz vergaßen. Denn Flash hatte unterdes die Faxen dicke. Ruhig und gelassen, nur mit einer klitzekleinen furchtsamen Schwanzkurve, betrat er das Wasser. Und als seine Pfoten den Boden nicht mehr erreichten, da wußte er auch, was zu tun war.
Flash konnte schwimmen!
Zuerst sah es beunruhigend aus; er glich einer wütenden Wasserratte, wie ihm in einem fort die Wellen über den Kopf schlugen und er sich störrisch wieder an die Oberfläche emporarbeitete. Dann sah es einfach ein biß-

Flashs Frauchen war ihm eine vorbildliche Lehrerin mit der richtigen Mischung aus Spiel und Ernst.

chen komisch aus: ein Welpe mit stierem Blick und emsig paddelnden Pfoten, den Schwanz kerzengerade und dazu ein Prusten und Schnaufen ohnegleichen. Aber mit der Zeit ging es immer besser. Flashs Schwimmzüge wurden gleichmäßiger. Er reckte die Schnauze standhaft nach oben, sah uns in die Augen – und hatte einen ganz neuen, felsenfesten Glanz im Blick.
Während sein erstes Selbstvertrauen wie die Wassertropfen in seinem Fell glitzerte, kam Flash wieder an Land und schimpfte Marko tüchtig aus.
Ich unterhielt mich lange mit Svea über diese seltsame Verwandlung.

»Es geht an sich nicht bloß darum, sich über Wasser zu halten. Sondern um so etwas wie *Selbstvertrauen . . .*«
Svea ist auch hier ganz meiner Meinung, weil sie sich noch so gut daran erinnern kann, wie es war, als sie das erste Mal trocken hinter den Ohren wurde:
»Man wird irgendwie von Wärme erfüllt, man spürt, wie einem das Wasser die Beine runterrinnt und wie es perlt, es kitzelt ein bißchen in den Ohren, und man hat einen ziemlich salzigen Geschmack im Maul . . . aber die Augen kommen einem unheimlich klar vor; *man sieht alles viel deutlicher*!«

Flash schwimmt! Was für ein unvergeßliches Gefühl.

Selbstvertrauen! — Nichts anderes kann einem Hund so gut das Fell trocknen und wärmen.
»Hauptsache, die anderen machen einem nicht alles kaputt«, seufzt Svea, »die, die sich immer einmischen und einen rumkommandieren wollen.«
Sie hat begriffen, daß es genauso zugehen sollte wie bei Flash. Alle waren in der Nähe — aber keiner hatte sich eingemischt! Er durfte *selbst* ins Wasser, sich *allein* abstrampeln, so gut es ging.
»Genaugenommen gehört so was zu den vergnüglichsten Entdeckungen, die ein junger Hund machen kann«, sagt Svea, die sich damit auskennt.
Ja, man soll uns nicht ins Wasser drängen, uns nicht befehlen zu schwimmen und wie wir genau herumzukraulen haben, man soll die Jugend nicht zu lauter Pflichtübungen verdammen! Ich kann gar nicht genug betonen, daß diese Sache nicht bloß fürs Wasser gilt, sondern fürs ganze Leben an Land.
»Ja, geht ihr mal ruhig zur Seite, dann kommen wir selber mit unseren Schwimmzügen klar«, stimmte Svea ein.
»Und eines schönen Tages öffnet sich dann das Gatter«, sagte ich leicht melancholisch in etwas wehmütiger Erinnerung an meine Jugend.

Flashs erste Tat nach seiner geglückten Schwimmpremiere: Marko tüchtig ausschimpfen.

Marko führte sich auf wie diese autoritären Väter, die aus ihren kleinen ängstlichen Söhnen »richtige Jungs« machen wollen.

Jetzt möchte ich auf die Schnelle noch eine meiner netten kleinen Kindheitserinnerungen anbringen. Sie handelt vom Gatter vor dem Weg.
Mit einemmal empfand ich das Gatter nicht mehr bloß als ein Gatter. Es war eine Verlockung, es hatte was Spannendes, Bewegtes. Ich wollte durchs Gatter rausspazieren. Ich spüre heute noch mein pochendes Herz und die seltsame Erregung, die mich durchfuhr.
Damals tat ich, was ich eigentlich nicht durfte – ich ging auf eigene Pfote zum Gatter runter. Dort blieb ich lange stehen. Durch die weit auseinanderstehenden Stäbe konnte ich deutlich fremde Gerüche wittern, die aus der großen, weiten Welt am anderen Ende des Wegs kamen. Es roch verheißungsvoll nach Abenteuern, nach Leben. Zuerst kriegte ich ein bißchen Angst. Ich fühlte mich matt bis in die Pfoten, ja bis in die Schwanzspitze. Es war ein vollkommen neues Gefühl, das mich da am Gatter festhielt.
»Frida, bald wird der Tag kommen, an dem auch du auf der anderen Seite vom Gatter deiner Kindheit landest«, sagte meine Mutter Lisa, die sich unauffällig im Hintergrund gehalten hatte. Und sie hatte recht. Eines Tages kamen Fremde, seltsame Gestalten, »Menschen«. Vorsichtig trugen sie mich durchs Gatter hinaus ins Leben.

Flash konnte sich gar nicht beruhigen und blaffte Marko immer wieder an.

Der umgewandelte Flash, mit dem Blick des Seefahrers in die Ferne…

Der Mensch als Haustier

Hier möchte ich zeigen, wie man sich normalen Händen nähert.

Wichtig ist, daß Hände nicht sofort losstreicheln; wir wollen sie erst mal beschnüffeln.

Ich kann mich gut erinnern, wie gerne sich die verwegene Labradorhündin Svea, als sie noch kleiner war, zwischen die Vorderpfoten ihres Idols gekuschelt hat. Ihr Idol, das war nämlich ich. Wir führten viele intime kleine Gespräche und kamen dabei vom einen aufs andere.

»Wie wär's«, begann ich eines Tages, »wenn wir jetzt mal über die Sache mit den Händen reden?«

»Du meinst sicher Pfoten?« fragte Svea.

»Nein, nein, es heißt wirklich Hände. Die Pfoten von Menschen heißen Hände. Und du wirst dein Leben lang mit Händen konfrontiert werden, Svea, also ist es besser, du weißt, was auf dich zukommt ...«

Ich erzählte ihr alles über Hände. Und da ich nun schon einmal dabei war, handelte ich auch gleich den Rest vom Menschen ab; wie er sich verhält, seine vielen kleinen Eigenheiten, daß man ihn immer beaufsichtigen muß, wieviel Freude er einem macht, aber auch die liebe Mühe, die man manchmal mit ihm hat ...

»Der Mensch als Haustier«, sagte ich und genoß zufrieden meine ziemlich geglückte Formulierung.

Svea wollte gerne wissen, ob man sie besser auf dem Land oder in der Stadt hält und ob sie schmutzen.

»Und wie findet man einen richtig guten Menschen?« fragte sie dann auch noch, die Stirn in nachdenkliche Falten gelegt. Das weiß nicht mal ich.

Jeder, der jung ist, weiß, wie verlockend all die verheißungsvollen Gerüche jenseits von Zäunen und Gartentoren sind... Man muß einfach raus!

Ein Kraulen, das von oben kommt

Meistens kommen sie geräuschlos von irgendwo oben. Und sie schleichen sich an gänzlich ahnungslose Welpen heran. Im allgemeinen passiert es auf kleinen Rasenflächen oder ähnlich angemessen großem Terrain, wo Welpen gerne herumtollen.

»Nein, wie goldig!« donnert aus heiterem Himmel eine gewaltige Stimme von oben, aber ich weiß, daß es nicht Gott ist. Es ist Herrchen. Oder irgendein wildfremder Mensch, für den ein ganz normaler junger Hund auf Rasen etwas Unwiderstehliches bedeutet, das auf der Stelle ganz doll gestreichelt gehört.

»Teufel auch!« stöhnen dann die Gefühlvollsten von ihnen in einer Art romantischer Verzückung.

Aber, wie gesagt: *Nein, wie goldig* . . . Leider habe ich keine Ahnung, was das eigentlich zu bedeuten hat. Aber ich weiß, was ausnahmslos immer darauf folgt. Es folgt ein geradezu juckendes Gefühl, eine kraulende, wühlende Bewegung, die meist direkt hinter den Ohren ansetzt, aber auch gerne auf den flauschigen Bauch abzielt. Etwas mit der Bezeichnung »Hände« hat wieder einen Welpen gestreichelt!

Jetzt muß ich die erschauernde Svea aber gleich beruhigen; ich versichere ihr, daß streichelnde Hände etwas wirklich ganz Ungefährliches sind.

»Dann meinste also doch Pfoten, was?« hickst Svea, die bereits in das Alter gekommen ist, in dem das junge Volk die Erwachsenen zurechtweist.

»Ich meine *Hände* . . . Pfoten und Tatzen sitzen an Hunden, Löwen, Kaninchen, Bären, Tigern sowie, zu einem gewissen Grad, an Katzen. Menschen haben Hände. Es sind verblüffend vielseitige Allround-Werkzeuge . . . Eigentlich schon nicht mehr normal, was Menschen mit ihren Händen alles anstellen!«

Man kann sagen, daß Hände heutzutage überall sind. Jedenfalls kommt es einem so vor. Jeder Hund kriegt früher oder später mit Händen zu tun.

»Deshalb ist es so wichtig für dich, Svea, daß du von Anfang an die richtige Einstellung zu Händen gewinnst.«

Ich erzähle jetzt, wie ich mir damals die richtige Einstellung zu Händen angeeignet habe.

Es war in der Dämmerung in einem Park. Ich verspürte als erstes eine gleichsam einhüllende Bewegung, ein weißes Leuchten. Es war ein junges Mädchen, ihre weißblonden Haare, ihre strahlende Begeisterung. Ihre Hände waren weich und unwahrscheinlich behutsam. Ich fühlte mich einfach pudelwohl. Ahnte ich schon, daß nicht alle Hände so weich sein würden?

Damals fiel mir die Sache mit den Händen zum erstenmal auf. Ich dachte meine ganze dreiundzwanzigste Woche darüber nach. Bereits in meiner vierundzwanzigsten Woche war ich dann zu einem generellen Schluß gekommen, Hände betreffend. Ich war nämlich an das andere Extrem geraten, an die Schwielen einer harten Hand. Die Hand war auch freundlich gewesen, aber anders. Freundlichkeit braucht also nicht weich und sanft zu sein. Das ist, so kann man sagen, das Spezielle am Menschen und seinen Händen.

Jetzt hat Svea eine ganz klare Vorstellung davon bekommen, daß Hände eben verschieden sind. Große Hände, kleine Hände, weiche Hände und schließlich auch die schwieligen Hände vom Hausmeister.

»Hinzu kommt, daß Hände jeweils ihre eigene Art haben, uns zu streicheln, anzufassen, nett zu uns zu sein; aber sie können auch, das darf ich leider nicht auslassen, häßlich zu uns sein . . . handgreiflich werden, sozusagen. Da heißt es aufgepaßt.«

Hände sind unheimlich deutlich zu spüren! Viel stärker, als die Menschen meinen. Jedes Kraulen hinterm Ohr, das geringste Kitzeln am Bauch . . . Wir Hunde wissen sofort Bescheid, was für ein Mensch am anderen Ende dieser Hände sitzt!

Ich machte früh die Entdeckung, daß Hände sich unterschiedlich anfühlen, obwohl sie sich im Aussehen kaum unterscheiden.

Nun verhält es sich so, daß ich mich von Natur aus eher würdevoll gebe, ja reserviert bin, wie manche sogar meinen. Aber dadurch habe ich mir eben im Lauf der Jahre einen guten Überblick über die verschiedenen Sorten Hände verschaffen können, die in der Hundestreichelbranche vorkommen. Bildlich gesprochen, könnte ich hier noch einfügen, daß man ihnen, Hand aufs Herz, nicht immer freie Hand lassen darf; doch Scherz beiseite. Solche Feinheiten würde Svea noch nicht verstehen. Aber sie wedelt aufmerksam mit dem Schwanz.

Den Menschen ist anscheinend nicht so richtig klar, was sie mit den Händen eigentlich machen. Sie nähern sich oft mit einer einladenden Geste, aber es gibt auch rüpelhafte Hände, die einem einfach entgegengeschleudert werden. – Die meisten Hunde nehmen daher erst mal eine abwartende Haltung ein. Und die Leute glauben dann, daß mit dem Hund etwas nicht stimme.

»Guck mal ... die Töle ist doch psychisch gestört, charakterschwach!«

Das habe ich oft zu hören bekommen.

Dabei müssen wir als erstes die Witterung ihrer Hände aufnehmen, ehe wir uns aufs Streicheln und auf weiteres einlassen können. Hände sagen nämlich alles! Sie brauchen nicht weich zu sein. Sie brauchen überhaupt nicht an Tiere »gewöhnt« zu sein. Das einzig Wichtige ist, daß sie ehrlich sind.

»Du mußt nämlich wissen, Svea, wie zart und weich die Hände sind, sagt gar nichts darüber aus, ob sie einen sanft streicheln. Ob ein Mensch eine geschickte Hand mit Hunden hat, das verrät der Glanz in seinen Augen und der Zug um seinen Mund. Man spürt das, in einem Wechselspiel ...«

Solange man jung ist, mag man wohl am liebsten die weichen Hände, ein bestimmtes, »gewohntes« Streicheln. Mit den Jahren kommt es einem nicht mehr aufregend genug vor ... immer das gleiche Gekraule. Da fängt man an, neue, interessante Kombinationen zu entdecken.

Ich glaube, am liebsten sind mir freundliche Augen und etwas unbeholfene Hände. Die Hände von Kindern sind ganz und gar nicht am weichsten, im Gegenteil ... Aber sie sind nicht so routiniert wie die von Erwachsenen. Routinierte Hände empfinde ich als unheimlich herb; mit ihren energischen Streicheleinheiten verlangen sie Gegenliebe. Deshalb spüre ich trotz allem etwas Weiches, Freundliches bei einem munter drauflosklapsenden Kleinkind, obgleich ich es vorziehe, mich höflich aus seiner Reichweite zu entfernen.

Zusammenfassend möchte ich festhalten: Wir sollten zunächst mal gründlich die Hände unseres Gegen-

Die einen Hände streicheln einen nervös möglichst weit hinten, die anderen kraulen gleich kurzentschlossen kräftig drauflos.

Streicheln hat was; mit Pfoten ist es nicht dasselbe wie mit Händen.

übers beschnuppern, bevor wir uns ihm aufdrängen.

Das Streicheln von uns Hunden ist ein sehr weit verbreitetes Phänomen, in allen Zusammenhängen und Situationen.
Einen Zusammenhang gibt's, der mich immer geringfügig beunruhigt. Auf der Oberfläche sieht es nach harmloser Idylle aus: ein braver Hund, der zum Beispiel angebunden vor einem Laden sitzt, auf seine rührend anhängliche Art sehnsüchtig reinguckt und darauf wartet, daß Frauchen und/oder Herrchen wiederkommen. Statt dessen erscheint eine Mutter mit Kleinkind. Genausogut kann ein Vater mit einem ebenso kleinen Kind auftauchen; auch diese Variante hat mich schon oft genug entsetzt. Das Kind erblickt den Hund.
»Wauwau eiaeia machen!« sagt das Kind entschlossen.
Das ist im Prinzip so lieb wie gut gemeint, finden alle. Nur der Hund nicht.
Der Hund zerrt an seiner Leine, sieht mit stierem Blick aufs Kind und beginnt mit den Lefzen zu zucken – falls es ein ungebärdiger Hund ist. Meistens ist es kein ungebärdiger Hund. Viel wahrscheinlicher ist es ein schüchterner und schlichtweg ängstlicher Hund. Außerdem ist er festgebunden. Angebunden zu sein bedeutet: abgeschnittene Fluchtwege und begrenzte Bewegungsfreiheit. Hunde fangen dann an, widerspenstig an der Leine zu zerren. Hunde fühlen sich dann bedroht, obwohl es so aussieht, als wolle nur ein liebes kleines Kind eiaeia machen. Hunde können dann beißen.
»Wie gut, daß die Mutter und/oder der Vater des Kindes anwesend sind! . . . Die sind doch immer so unheimlich umsichtig«, platzt Svea erleichtert heraus.
Svea ist jung und gutgläubig. Ich will ihr ihre naive Unbefangenheit nicht nehmen. Aber ich muß ihr sagen, daß Eltern von Kindern so ahnungslos und unklug handeln können, wie es nur geht! Jedenfalls bei angebundenen fremden Hunden. Denn was passiert wohl als nächstes? Das Kind geht also auf den verängstigt widerstrebenden Hund zu. Und die Mutti nimmt resolut die Hand ihres Kleinen, führt sie immer näher an den Hund heran und ermahnt:
»Nicht den Wauwau hauen, ganz lieb eiaeia machen!«
Daß dem Kind hinterher nicht sämtliche Finger fehlen, ist lediglich auf folgendes zurückzuführen: Das Herrchen des verängstigten Hundes stürmt aus dem Laden, als er sieht, wie die Dinge sich zuspitzen.
»Weg mit dem Kind vom Hund!« ruft er.

»Aber der Kleine will den Hund doch bloß streicheln«, wendet die Mutti ein.
»Der Hund ist nicht an Kinder gewöhnt und läßt sich nicht gern von Fremden anfassen ... Bringen Sie Ihrem Kind lieber bei, von fremden Hunden wegzubleiben!« sagt Herrchen aufgeregt. Ist die Mutter dankbar für dieses energische Eingreifen? Füllen sich ihre Augen mit Tränen der Erleichterung, weil mit ihrem Kind und dem Hund noch mal alles gutgegangen ist? Nein. Zuerst wird sie böse. Dann gerät sie in Wut. Sie schreit den Hundebesitzer an, er möge »seinen verdammten Straßenköter zu Hause einsperren und nicht als Kinderschreck auf die Leute loslassen«! Dann sagt sie noch, Hunde, die sich nicht von jedem streicheln lassen, seien krank und gehörten vom Fleck weg erschossen.
Jetzt ist Svea so empört, daß sich ihr Nackenfell sträubt: *»Böser Hund beißt nettes Kind!*... Steht es nicht immer ungefähr so in der Zeitung?« fragt sie.

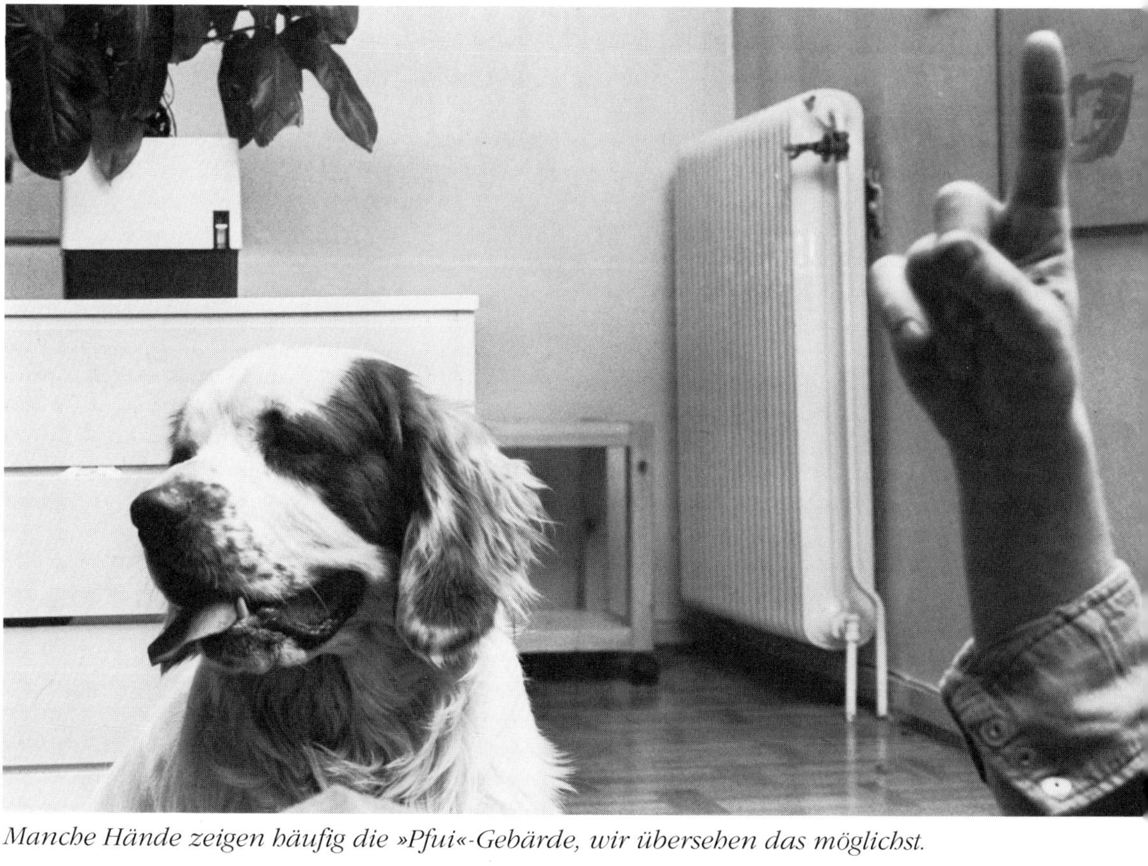

Manche Hände zeigen häufig die »Pfui«-Gebärde, wir übersehen das möglichst.

Die Hände von Kindern können uns zwar plötzlich weh tun. Aber sie sind in jedem Fall spontaner als die von Erwachsenen.

 Aber sonst sind Hände schon etwas Einmaliges. Sie stützen und tragen einen auch. Alle Unruhe rinnt ab, und man spürt, daß Menschen doch etwas richtig Gutes und Angenehmes haben.
Es gibt zärtliche Hände, aber auch brutale. Das Dumme ist, daß man das nicht vorher wissen kann. Welpen, die das Pech haben, in harte und – was schlimmer ist – ungerechte Hände zu fallen, aus denen werden böse, bissige Hunde. Und ihr Leben lang ducken sie sich vor jeder Berührung. Solche Hunde können einem leid tun.
Ich habe so eine Ahnung, daß das gleiche auch für Menschen gilt.
Svea fragt manchmal: »Wann wird eigentlich gestreichelt?« Es ist nicht leicht, eine so haarige Frage zu beantworten. Ich will es mal so versuchen: Es ist reine Gefühlssache. Auf einmal spürst du eine Wärme in dir. Vielleicht kriegst du auch glänzende Augen. Und lächelst ein bißchen, irgendwie grundlos . . . und es kribbelt dir in den Fingern. Dann gibt es strenggenommen nur eins zu tun: Streichle den, den du streicheln willst.

Flash ruht jetzt sicher in den Händen seines Frauchens. Alle Unruhe rinnt von ihm ab wie das Wasser. Er spürt den Griff bis in die Schwanzwurzel.
Ich glaube, auch Flash wird nie einem Menschen begegnen, der sagt, daß er keine Tiere mag. Menschen, die keine Tiere mögen, sagen nämlich nie, daß sie keine Tiere mögen. Sie schlagen einfach nach uns, ohne Vorwarnung. Sie haben unangenehme Hände. Man traut sich nie so recht, ihnen zu glauben, auch wenn sie versuchen, sich einzuschmeicheln. Das ist bloß Verstellung. Ihre Hände lügen. Es dauert lange, bis man ihre Witterung erkennt. Aber gewöhnen werden wir uns nie an diese Hände.

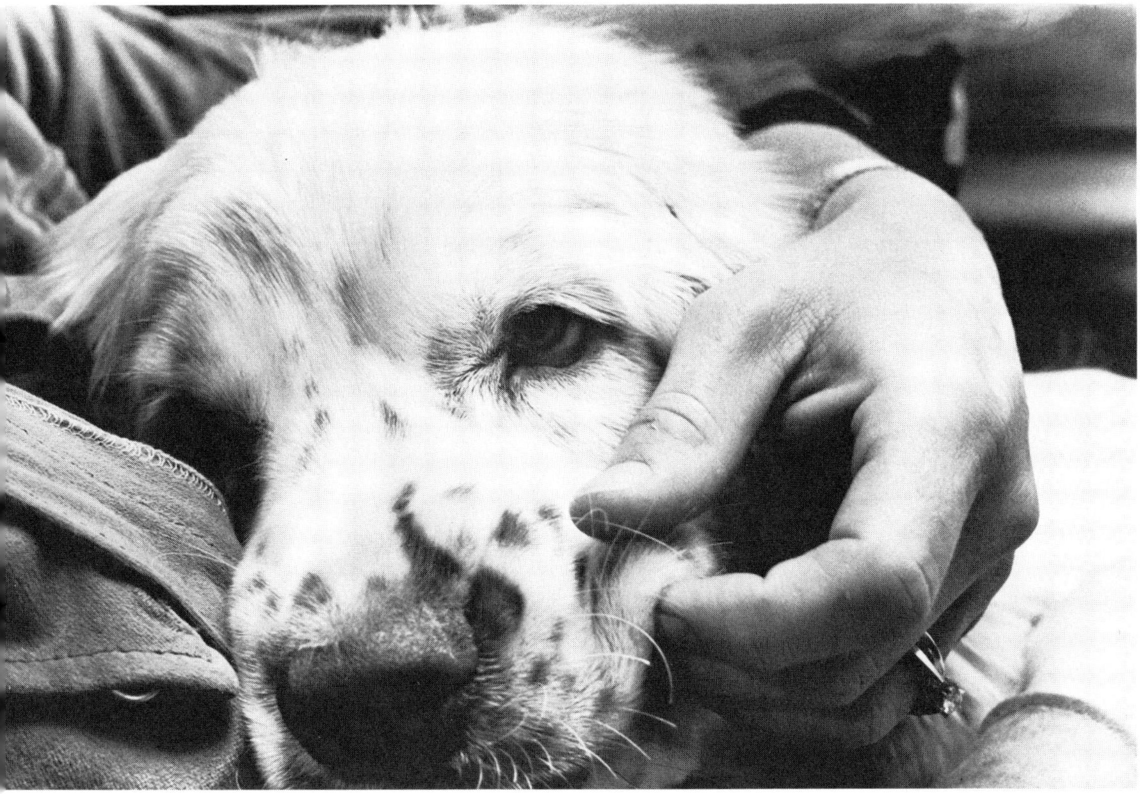

Das Tierstreicheln ist mittlerweile zu einer Massenbewegung geworden. Was aber noch fehlt, sind einheitliche Regelungen.

Das ist Matilda. Kein Schoß, den sie nicht liebenswert schnaufend im Sturm erobert.

Wie erwischt man
einen richtig guten Menschen?

Sveas allererste Begegnung mit ihrem Frauchen.

Wahrscheinlich bist du schon fest dazu entschlossen, dir einen Menschen als Haustier anzuschaffen. Du stellst es dir so angenehm vor, ein kleines, neugieriges Näschen, das dir vertraulich seinen Atem ins Ohr pustet und flüstert, es wird schon alles gut werden, alles gut . . .

Aber jetzt muß ich dich etwas fragen, Svea: *Hast du dir schon mal überlegt, was es heißt, die Verantwortung für einen Menschen zu übernehmen?. . . Wirst du ein lebhaftes Herrchen, ein springlebendiges Frauchen wirklich verkraften?!*

Glaub jetzt nicht, ich wäre miesepetrig mit meiner, wie es dir vielleicht vorkommt, lustfeindlichen Vernunft. Ich muß doch sagen, was Sache ist!

Mit Menschen ist es komisch. Besonders zu Anfang. Sie sind geradezu unwiderstehlich, wie sie da über einem Welpenkorb oder vor dem Gatter stehen und dich förmlich mit Komplimenten und glucksenden Freudelauten überschütten. Sie sehen so niedlich aus. Aber bald machst du die Entdeckung, daß Menschen etwas Großes, Plumpes, ja sogar Sperriges sind. Sie nehmen viel Platz weg. Sie sind überall. Man hört sie bis in die kleinste Ecke. Du wirst Schwierigkeiten haben, sie auch nur für kurze Zeit loszuwerden. Der Mensch dominiert, beherrscht, *ist* . . . Aber gleichzeitig ist er verblüffend anpassungsfähig.

Das Kontaktbedürfnis des Menschen kommt dem eines fröhlichen Labradors gleich.

Es ist nur eine Frage der Erziehung: »Du wirst unglaublich viel Geduld und Arbeit investieren müssen, Svea. Seit urdenklichen Zeiten ist es die Aufgabe des Menschen, unsere Stöcke und Bälle wegzuwerfen, um sich damit unserer ewigen Freundschaft zu versichern.
Der Mensch nimmt viel Platz ein; in unserem Leben und in unseren Herzen, Svea.«
Deswegen mußt du deinen Menschen von Anfang an mit liebevoller Strenge behandeln. Er muß beschäftigt werden. Verlang nicht zuviel von ihm – aber auch ja nicht zuwenig! Er ist kein niedliches Plüschtier, sondern ein Lebewesen. Und er braucht eine feste Pfote zur Ermunterung und Leitung. Nachsicht und Nachgiebigkeit lassen den Menschen nur lästig, oftmals aufdringlich werden. Da reißt einem schon mal der Geduldsfaden. Aber vergiß nie: *Es sind doch nur Menschen, nichts weiter!* Laß sie also Menschen sein und bleiben.

Unter uns Hunden findet sich allzuoft die Tendenz, den Menschen gewissermaßen zu »verhundlichen« und ihm Eigenschaften anzudichten, die nur wir haben. Damit überfordern wir ihn schlicht und einfach. Es verunsichert ihn bloß und macht ihn störrisch, woraus gewisse Probleme entstehen können.
Nein, bemühe dich lieber, deinem Menschen auf seiner ihm eigenen Ebene zu begegnen. Aber vergiß dabei nicht, daß er ein ausgeprägtes Herdentier ist, das nicht immer deinem Willen und auch nicht unbedingt seinem Willen gehorcht – sondern sich manchmal nach *Dritten* richtet! Dies ist eine Eigenschaft, die dich noch oft überraschen wird, Svea.
Menschen sind, wie sonderbar dir das auch vorkommen mag, sehr unterschiedlich beschaffen.
»Wie sucht man sich ein richtig gutes Exemplar aus?«
Ach, Svea, wenn man das doch wüßte!
Man läßt sich, das muß ich schon sagen, auf ein ziemliches Wagnis ein, wenn man Herrchen und Frauchen aussucht. Es gibt keine sicheren Auswahlkriterien. Es geht einem wie mit dem Leben, man wird hin und her gebeutelt, wenn man sich nicht vorsieht. Und es ist überhaupt nicht so einfach, wie die Menschen sich das vorstellen, wenn sie ihre Bekanntschaften schließen.
Selbstverständlich kann keiner verlangen, daß man lediglich unter Orientierung an Stammbaum, Steuerklasse, Wohnstandard, Sozialstatus, Auto- und Bootsbesitz, Scheckkarte, Farbfernseher (mit Stereovideo, versteht sich) und ähnlich primitiven Kriterien einen garantiert netten und freund-

Sie schließen sich eng an uns an, was zwar lästig, aber auch rührend sein kann.

Sommer wie Winter... Die Hobbys des Menschen grenzen leicht an Besessenheit, aber laß gewähren! Ihre Ausdauer wird dadurch trainiert.

lichen Menschen findet. Statt dessen mußt du dich auf deinen *Instinkt* verlassen! . . . Auf deine eigene Sensibilität und Offenheit, Svea. Laß mich das gleich näher erläutern.

Ich kann meinen untrüglichen Blick für Menschen nämlich auf etwas ganz Bestimmtes zurückführen. Meine Erinnerung zeigt mir ein gestochen scharfes Bild von jenem Herbsttag mit seiner frischen, klaren Luft, aber auch etwas Schicksalsschwangerem in seiner ganzen Prägnanz.

Zu meinem Geburtshaus kam eine lange Schlange »Spekulanten«, um sich, wie man sagt, »einen Hund anzuschaffen«. Einer schlimmer als der andere . . . merkwürdige Typen, die sich auf verschiedenste Weise bei der Begegnung mit uns kleinen Welpen ziemlich seltsam aufführten.

»Braucht ein Hund wirklich so viel Bewegung, wie man immer sagt?« wollte einer von ihnen wissen.

»Machen sie viel Arbeit?« ein anderer.

»Sie sind doch stubenrein?« hoffte ein dritter und verwies emsig auf seinen Besitz kostbaren Inventars.

Am schlimmsten waren die »Hundekenner«. Einer schnitt gräßliche Grimassen und klatschte in die Hände. Ein anderer, der plötzlich einen Spaten auf den Boden schmetterte, schien nicht ganz richtig im Kopf zu

Man muß sie beschäftigen, damit sie keine Dummheiten machen.

Bemerkenswert, mit welch eleganter Körperhaltung Svea ihrer Sucht nach allerlei Süßkram Ausdruck verleiht.

sein. Sie behaupteten wahrhaftig, sie müßten »die Welpen auf ihren Charakter prüfen«.
Mein Charakter übertraf alle anderen an Verderbtheit. Ich kroch, so weit es ging, unter ein Sofa und wurde daher für psychisch schwer gestört befunden. Auf diese Weise gelang es mir, den schlimmstmöglichen Hundemenschen zu entkommen – denen, die sich für »Hundefreunde« *halten*.
Und dann kamen zwei Amateure. Sie hatte lange, glatte, blonde Haare und sagte, eine »Expertin« sei sie sicherlich nicht. Aber sie hätte schon immer was für Tiere übrig gehabt. Das spürte ich auch gleich an der Art, wie sie mich hochhob. Er war ein kleiner, dicklicher Kerl, der sofort loslegte und Stöckchen warf, da er aus den Massenmedien wußte, daß Hunde Stöcke mögen.
Ich saß lieber auf dem Schoß der Blonden, als nach Stöckchen zu laufen. Schließlich erbarmte sich meine Mutter Lisa, latschte los, so demonstrativ erschöpft, wie nur ein Golden Retriever aussehen kann, und holte ihm sein Stöckchen. Da merkte ich, daß er gute Anlagen hatte und seine Begabungen und Instinkte sich in spielerischer Form entwickeln ließen. Also beschloß ich, diese zwei, »die Amateure«, durften mich als ihren Hund aussuchen.
Die Stunde des Abschieds war ja ein wenig sentimental und ungewohnt für mich. Du weißt schon, dieses Gatter, von dem ich in melancholischer Stimmung immerzu rede... das schloß sich jetzt ein letztes Mal hinter mir.
In einem brummenden Auto wurde ich in die Stadt befördert.
Da wir gerade über die Stadt reden: Wo haben die Menschen es am besten, in der Stadt oder auf dem Land?
Oft höre ich Hunde sagen: *Sicher mag ich Menschen – aber man soll sie auf dem Land halten, nicht in der Stadt!*
Die sehnsüchtigen Blicke des Hausmenschen verfolgen uns Hunde. Von ihnen lassen wir uns verleiten, den falschen Schluß zu ziehen, daß sie sich immer danach sehnen, anderswo zu sein: der Stadtmensch auf dem Land und der Dorfmensch in der Stadt. Aber das stimmt nicht. Ich glaube, daß wir unser unausbleiblich schlechtes Gewissen wegen der kleinen Versäumnisse, deren sich jeder mal schuldig macht, auf die Blicke unserer Herrchen und Frauchen projizieren, ohne weiter darüber nachzudenken.
Das Gefühl, »nicht allen gerecht zu werden«, ist weit verbreitet, ein Zeitphänomen, möchte ich sagen. Die Menschen haben eine überflüssige Unsitte daraus gemacht... und wenn sich jemand das zunutze machen kann, dann ihre Hunde!

Wenn sonst nichts hilft, greifen wir zu wehmütigen Blicken.

Man kann die Menschen in Grund und Boden gucken. Aber ein wehmütiger Hund, der in seiner stillen Ländlichkeit sehnsüchtig dreinsieht, braucht sich nicht unbedingt nach der Stadt zu sehnen. Vermutlich betteln wir um irgendwas. Besonders Svea . . .
Die seufzenden Blicke eines Labradors können leicht landesweite Hilfsaktionen in Gang setzen.
Natürlich kann man also den Hausmenschen in der Stadt halten.
Man beginnt damit, ihre schlummernden Anlagen für den Aufenthalt auf begrenztem Terrain zu wecken und ihnen, wie man sagt, »Rücksichtnahme« beizubringen. Ihre Gewöhnung an kollektives Wohnen kommt mit der Zeit. Aber aufgepaßt, daß sie sich nicht auf ungehöriges Revierdenken versteifen und anfangen, von »meinem besten Sofa«, »meinem Kühlschrank« usw. zu reden.
Historiker sagen, Hund und Mensch leben seit ungefähr zwölftausend Jahren miteinander. Ich bin der Ansicht, daß es bisher richtig gut funktioniert hat. Aber an gewissen Feinheiten sollten wir noch gemeinsam arbeiten.
Hier ist wieder meine kluge Freundin Meppa, eine robuste und wirklich geländegängige Sorte, die *Clumber Spaniel* heißt. Ich finde, sie ist ein geradezu idealer Menschenfreund. Ihre phlegmatische Veranlagung, in Kombination mit einem eher bodenständi-

Svea gibt gerne zu, daß sie bettelt. Mit Erfolg.

Meppa und Lotte, ein Team von gleicher Willensstärke und Geduld.

Sagen wir, Lotte möchte Meppa auf einen kleinen Hügel mitnehmen. Dann will Meppa nicht, und zwar nur aus einem einzigen Grund…

gen Intellekt, befähigt sie in besonderem Maße dazu, am anderen Ende einer Leine zu gehen. Das wird jedem Menschen klar, der schon mal höchst ungeduldig versucht hat, Meppa in eine Richtung zu ziehen, in die sie nicht will. Statt dessen macht Meppa den Menschen klar, wo sie eigentlich hinwollen . . . ein Beispiel psychologischer Finesse, etwas, was Politiker »flexible Zielsetzung« nennen. Aber vor allen Dingen: Meppa mag Menschen. Besonders ihr kleines Frauchen Lotte, die zu Anfang eine gewisse Tendenz dazu aufwies, in ihre eigene Richtung loszuziehen. Meppa hatte nichts dagegen.

»Man muß ihnen nur eine entsprechend lange Leine lassen, dann kommen sie bald zurück«, lautet Meppas Rat.

Sie glaubt nämlich an »Freiheit in Verantwortung«. Sie redet oft von »Relationen«, »Dialogen«, »Referenzrahmen«.

So redet sie, wenn sie aus ihrem soziologischen Kurs kommt. Meppa war nämlich in einem Kurs, um wirklich herauszufinden, warum die Menschen so sind, wie sie sind . . .

Gibt es eigentlich sichere Beweise dafür, daß der Mensch denken kann? lautete das Thema eines ganzen langen Kurstages.

»Aber wir sind nicht allzuweit gekommen«, seufzt Meppa.

Jedenfalls ist es dem Kurs gelungen, die Menschen in verschiedene Kategorien einzuteilen.

»Am lästigsten sind die sogenannten ›Mit-dem-Wind-Segler‹«, fanden alle Kursteilnehmer. Das sind die rücksichtslosen Hundebesitzer. Sie lassen uns immer und überall bellen, unsere Geschäfte verrichten, Leute anspringen, uns auf jede nur denkliche Weise unmöglich aufführen. Daraus ist ein bedauerliches Mißverständnis erwachsen, etwas, das *Hundehasser* heißt.

»Rechtmäßig müßte es *Hundebesitzer-Hasser* heißen«, knurrt Meppa und verspricht, die Sache in die Presse zu bringen.

An sich teile ich ihre Ansicht. Es ist nur so, daß es noch eine Sorte Hundemenschen gibt, die ich für mein Teil als mindestens ebenso lästig empfinde: die selbsternannten *Hundeexperten.* Das sind unangenehme Typen, die nicht nur alles wissen. Sie müssen auch unbedingt darüber reden.

Die »Hundeexperten« drängen sich überall auf, sie stürzen sich förmlich auf alles mit einem enervierenden »Fachwissen«, das so ungefähr alles umfaßt – von Zahnstein und Schuppen bis zu Köttelfragen aus polizeilicher Totalperspektive.

»Hundeexperten« werden nie gute Haustiere! Sie scheinen weder Hunde noch Menschen zu mögen.

…Meppa möchte mit Lotte auf einen anderen Hügel! Deswegen zerrt sie eigensinnig auf »ihren« Hügel los und überzeugt so Lotte davon, daß sie sowieso genau dahin wollte.

»Herrchen, such den Ball!«

Manchmal mache ich auch eine richtige Show aus dem Ballspiel, dann kann Herrchen vor den anderen im Park angeben.

Es ist ein lustiges Spiel, das ich ihm beizubringen versuche. Ein einfacher, gewöhnlicher Stock tut es auch. Oder ein anderer leicht zu werfender Gegenstand, der nicht unbedingt etwas kosten muß. Im Prinzip muß er sich bloß werfen lassen. Ich versuche nämlich, Herrchen seine widersinnige Vorstellung auszutreiben, daß vergnügliche Sachen immer teuer, glänzend und gerne ein wenig schwer sowie nur in Spezialgeschäften erhältlich sein müssen, um auch richtig Vergnügen zu machen.

Am meisten Spaß haben wir mit dem kleinen Ball.

Das Spiel geht so vor sich, daß Herrchen mir zuerst den Ball wegnimmt. Dann wirft er ihn, so weit er kann. Also nicht besonders weit. Aber er tut sein Bestes, und ich habe immerhin ein Stückchen zu laufen. Die zentrale Idee des Spiels ist nämlich, daß ich loslaufe, den Ball hole und ihn zu seinen Herrenfüßen niederlege. Ein paarmal mache ich das auch bereitwillig. Dann kann ich den Ball plötzlich nicht finden. Ich laufe verlegen im Kreis, schnüffle wild drauflos und sehe ausgesprochen unglücklich aus. Natürlich tue ich nur so; aus einem Augenwinkel sehe ich ja die ganze Zeit, wo der Ball liegt. Außerdem informiert mich der typische Herrchengeruch, der den Ball wie eine Rauchwolke umgibt. Mit dieser meiner vorgetäuschten Hilflosigkeit gebe ich dem Spiel pädagogisches Gewicht. Das Ballwerfen entwickelt sich von einer leeren, rein mechanischen Wiederholung zu einer, wie man sagen kann, Aktivierung der Herrchenfähigkeiten. Denn was geschieht?

Ich laufe also durch die Gegend und kann den Ball nicht finden.

»Suuuuch! ... na los, suuuuch! Da doch nicht, Dussel!!« höre ich Herrchen auf seine ermunternde Art brüllen.

Das einzige, was ihn zum Schweigen bringt, ist, a) wenn ich den Ball finde oder b) wenn andere Herrchen und Frauchen in Hörweite sind.

Die b)-Alternative bringt eine seltsame Verwandlung mit sich. Plötzlich wird er von der stoischen Geduld des Freizeitmenschen ergriffen, versteht die gesamte Problematik des Apportierens, legt sich eine sachliche Attitüde gegenüber den Komplikationen der Ballsuche zu und ermuntert mich auch noch mit gedämpften Zurufen: *»Gut so, Frida ... guuuut so; hol den Ball ... suuuuch! Braver Hund, feiner Hund«* und so weiter.

Und dabei lacht er als Zeichen des Einverständnisses mit seiner schwer beeindruckten Umgebung und bemerkt spaßhaft: *»Verflixt und zugenäht, ich glaube fast, der Hundeschlingel hat die Witterung verloren, haha.«*

Herrchen geht richtig aus sich heraus, wenn er versucht, den Ball möglichst weit zu werfen.

Wenn ich den Ball aufschnappe, klatscht Herrchen, weil er davon überzeugt ist, er hätte was Besonderes geleistet!

Woraufhin er auf ungezwungene Art zum Ball geht, nonchalant mit der Schuhspitze drauftippt und sagt:

»Hier, Alte – hier hast du deinen Ball!«

Das ist mir ja nichts Neues. Aber ich gucke trotzdem interessiert. Mit zitternden Dressurfingern zeigt er nun auf den Ball:

»Da! . . . Ball . . . *nimm den Ball*!!«

Das tue ich nicht. Nicht unter diesen Umständen. Nein, ich setze mich eine Weile hin und überdenke unsere Lage. Natürlich kann ich den Ball nehmen. Ich kann ja fliegende Bälle fangen, wann immer ich will; in riesigen Sprüngen, daß mein Fell im Sonnenuntergang aufglüht, mein gesamter vererbter Jagdinstinkt sich Bahn bricht und meine Lefzen gierig nach dem Ziel schnappen . . . ungefähr so, wie wenn Herrchen den Kühlschrank aufmacht und seinen Nachtimbiß rausholt.

Im übrigen riecht es ja überall nach Bällen. Das ganze Leben ist voller Bälle – und ich habe wahrhaftig keinen ausgelassen! Aber ich meine, diesen Ball hier soll Herrchen selbst vom Boden aufheben dürfen, da es ihm schon gelungen ist, ihn zu finden. Nicht, daß ich kleinlich wäre, wenn ich mal nicht höre. Ich sehe bloß, wie wichtig es ist, Herrchen das Erlebnis zu gönnen, daß er eine Aufgabe *ganz allein* bewältigt hat! Der Mensch neigt nämlich dazu, andere zum Bälleholen zu schicken, am liebsten eine Arbeitsgruppe.

Ein Herrchen und sein Hund können, nach den neuesten Idealnormen für radikale Formen der Zusammenarbeit, als kleine Arbeitsgruppe betrachtet werden. Auf Außenstehende macht das einen ebenso traulichen wie praktischen Eindruck. Aber unter der Oberfläche einer klassischen Herr-/Hund-Beziehung tut sich eine breite Kluft auf, eine weit von jeglicher elementaren Gleichberechtigung entfernte Ungerechtigkeit.

Um nur einige Beispiele zu nennen: Ich bin schnell. Herrchen nicht, außer wenn er Taxen jagt. Ich habe einen außergewöhnlich guten Spürsinn. Er findet nicht mal Würstchenbuden . . . Ich erwähne dies alles nicht, um ihn herabzusetzen; nein, ich weise lediglich auf die ungeheuer verschiedenen Fähigkeiten hin, über die Menschen und Hunde beim Ballspielen verfügen. Aus diesem Grund bin ich der Ansicht, Spiele mit Ball und Stock erfordern Sachverstand, Mäßigung und Verantwortungsbewußtsein. Sicher ist es sinnvoll, daß Menschen sich mit einbezogen fühlen und ihre Geschicklichkeit zeigen dürfen. Aber im Eifer des Gefechts dürfen wir sie weder hetzen noch – viel schlimmer! – *verspotten*! Ich glaube nämlich, wenn sie ihre physische Unterlegenheit zu spüren bekommen, dann fallen sie leicht in

ihr traditionelles Autoritätsgebaren zurück:
»Frida! *Hierher!*«
An und für sich kann ich dann hingehen, weil ich sowieso gerade in Herrchens Richtung muß. Aber das ändert grundsätzlich nichts an der Sache.
Hat es nun, wenn ich schlendernd meinen Rückzug mache, den Anschein, als sei ich enttäuscht, so kann das nur daran liegen, daß ich gar nicht enttäuscht bin. Ich bin bloß nachdenklich. Ich denke an Herrchen mit seiner Balliebe. Er ist immer so stolz, wenn er es schafft, den Ball zu finden:
»Frida, hier ist er doch . . . Dummchen!« sagt er dann liebevoll.
Was ich, Rückzug hin oder her, geradezu schön finde: Herrchens hoch erhobener Kopf, sein stolzes Ausschreiten, das ekstatische Zittern in seiner Stimme, wenn er der ganzen Welt verkündet:
»Hier ist der Ball, Frida!«
Und er hebt ihn auch selbst auf. Aber dann folgt etwas äußerst Merkwürdiges, ein komisches Verhalten, das ich wohl nie richtig verstehen werde:
Er wirft den Ball wieder weg! Wieder und wieder wirft Herrchen seinen Ball weg.
Vielleicht ist die einfachste Erklärung die, daß dieser harmlose, dreckverschmierte und ziemlich mies schmekkende Ball für ihn nicht einfach nur ein Ball ist.
Dabei könnte der Ball in seiner Welt etwas ganz anderes sein, ein Symbol für etwas.
Ich habe also ein Herrchen, das mit Symbolen um sich wirft!
»Frida, such!«
Wonach ist er eigentlich auf der Suche?
Was ist es, was den Menschen fehlt?

Mit einem gewöhnlichen zerbissenen Ball läßt sich sehr gut spielen, wenn man das Spiel nur sinnvoll gestaltet.

Was man nicht alles »muß«!

Die Sache ist die: Es wird behauptet, ich hätte »Jagdinstinkte«. Ich habe zwar keine Ahnung, worauf die hinauslaufen, aber man soll ja seinen »uralten Instinkten« folgen, dann findet sich alles.

Jetzt und hier bedeutet das offensichtlich, daß ich mich in diesen See stürzen und den ersten besten Vogel an Land schleifen soll, wenn ich richtig verstanden habe. Aber da muß ein ernstliches Mißverständnis vorliegen. Jedenfalls, was die Vögel betrifft. Die lachen nur, wenn ich meine trägen Versuche starte, Herrchen um des lieben Hausfriedens willen den Gefallen zu tun. *Lachmöwen!* ... Irgendwie fühle ich mich für ihren Namen verantwortlich.

Herrchen steht am Ufer und ist ganz aus dem Häuschen. Er hat gebettelt, gelockt, gedrängt, ja fast gedroht: »Frida ... du *mußt*! Dir steckt doch die Jagd im Blut, wie *allen* Golden Retrievern. Ihr tut doch nichts anderes, als hinter ollen Vögeln herzurennen. Es ist das Gesetz der Natur, Frida ... Spürst du nicht, wie etwas in deinem Innern siedet und brodelt?!«

Nein. Wo ich doch das Wasser schon kaum spüre. Wie soll ich das »Raubtier in mir« spüren, wenn auch lauter nette Enten auf dem See schwimmen?

Ich habe von Natur aus eine durch und durch positive Einstellung zum Wasser – wenn man mich nicht reinkommandiert!

Seen sind meistens so groß, daß Platz für alle ist. Konflikte müssen also nicht sein.

Herrchen steht am Ufer und stänkert rum. Eine grüne Lodenjacke hat er sich auch zugelegt. Ist es nicht schrecklich?

Vielleicht hat er auch ganz einfach in der Gebrauchsanweisung etwas Falsches gelesen. Er hat ein Hundelexikon, in dem schwarz auf weiß steht, »der Golden Retriever« hätte »ein gutmütiges, intelligentes Wesen, viel Freude am Schwimmen und drückt sich nicht einmal davor, in winterkaltem Wasser zu apportieren«.

»Sieh doch selbst!« sagte Herrchen schroff, damals, als wir uns gestritten haben.

Jetzt möchte ich Herrchen etwas zeigen, das ich für wichtig halte. Ich trödle ins Wasser runter, bohre meinen gutmütigen Blick in eine nette Ente und versuche herauszukriegen, wie es nun eigentlich um diese Jagdinstinkte bestellt ist.

Nicht besonders.

»*Schneller schwimmen!*« brüllt Herrchen vom Ufer aus.

Da fangen die Ente und ihre Freunde sofort an, schneller zu schwimmen. Ich schwimme ja immer in meinem gewohnten Rhythmus. Aber man kann jedenfalls gut nachdenken, während man hinter Enten herschwimmt. Zum Beispiel kann man über das mit dem »Gesetz der Natur« nachdenken ...

 So ein Quatsch! Denn schließlich ist es das Gesetz des Menschen, etwas, was er erfunden hat, um seine Unsicherheit in freier Natur zu dämpfen. Das Gesetz besagt im Grunde, daß alle Enten sich immer ganz und gar wie Enten benehmen. Und daß alle Golden Retriever ausnahmslos immer Enten jagen.

Nach eben dieser bequemen und wirklichkeitsfremden Logik wären alle Leute aus Schonen träge, die Nordschweden wortkarg, die aus Göteborg lustig, die aus Småland sparsam, alle Schäferhunde gefährlich, Labradore gemütlich, Katzen falsch . . . und alle Jungs müßten »richtige Kerle« werden, alle kleinen Mädchen mit Puppen spielen (bis sie gegen »die traditionelle Frauenrolle« rebellieren würden), alle Gitarrenspieler sind romantisch, alle Politiker machthungrig, alle Reichen gierig – das heißt, sie werden in Kästchen gesteckt, spielen Rollen, müssen Erwartungen entsprechen; und zwar fremden Erwartungen. Wenn ich so was schon höre, schüttelt's mich so heftig, daß die Tropfen fliegen.

Menschen können uns viel Freude bereiten, in angemessenem Wechsel zwischen dem Spaß und dem Ernst des Lebens.

Wie ich bereits betont habe, darf man nicht unter den Teppich kehren, wieviel Arbeit sie einem machen, und zwar nicht allein, was die erschwerte Mühe der Reinhaltung betrifft.

Frauchen, diesen Stadtmenschen, zieht es auf ungemähte Wiesen. Ich bin mehr für die sanften städtischen Rasenflächen.

Bei guter Pflege können die Menschen prima Kumpel sein. Tatsächlich haben wir häufig genau dieselben Bedürfnisse.

Der Mensch versteht uns. Aber verstehen wir ihn? Unsere Wachsamkeit hat jedenfalls beträchtlich nachgelassen.

Sie machen einen unglaublichen Dreck.

Sie verlangen, daß man sich ständig um sie kümmert.

Sie wollen immer in unserer Nähe sein, sie »hängen« sich geradezu an uns und stellen pausenlos das Maß unserer Zuneigung auf die Probe.

Daran kann ich nichts Nachteiliges finden; im Gegenteil: Eben diese Eigenschaften machen den Menschen zu einem umgänglichen und gutgeeigneten Haustier.

Hier sind einige typische Beispiele zu sehen, wie die richtige Erziehung bereits gute Ergebnisse zu erzielen beginnt.

Herrchen und Frauchen sind anhänglich, passen sich an, wirken harmonisch; das, was man im allgemeinen als »nett« bezeichnet.

So harmonisch und entspannt wie hier kriegt man sie nicht durch Schmeicheln und Drohen hin, aber auch nicht mit einer schlappen, nachgiebigen Haltung all ihren kleinen Launen und Absonderlichkeiten gegenüber.

Sanfte Strenge bildet die Grundlage jeder guten Erziehung. Wenige Arten erweisen sich als so vielseitig wie der Mensch. Sein Erfindungsreichtum ist einzigartig, seine Apportierfähigkeit geradezu verblüffend. Ich werde wohl nie aus dem Staunen herauskommen, was Herrchen alles zu Hause angeschleppt: Farbfernseher, digitaler Toaster, quartzbetriebener Schuhputzer, ferngesteuerte Putzhilfe (Frauchen!) und so weiter.

»Aus!« sage ich dann unerbittlich.

Aber er reagiert darauf, indem er sich sofort nach noch teurerem und womöglich noch überflüssigerem Krempel umsieht. Merkwürdigerweise buddelt er ihn nicht ein, im Gegenteil. Wenn man doch diese unglaubliche Energie mit dem ihr innewohnenden Besitzstreben sowie dem stark ausgeprägten Revierinstinkt auf etwas Positiveres, Sinnvolleres umlenken könnte! So, wie ich es sehe, hat der Mensch heute die Voraussetzungen dafür, mit diesem Betragen aufzuhören. Er hat zwar eine schlechte Spürnase, schnüffelt sich aber trotzdem durchs Leben. Er ist ziemlich faul, dafür aber um so erfolgreicher im Erfinden arbeitssparender Geräte. Und dennoch fehlt etwas.

Ist es der Instinkt dafür, wozu der Mensch eigentlich auf der Welt ist?

Es wird behauptet, Frauchen und ich, wir seien uns ähnlich. Das verstehe zumindest ich als was Nettes, als eine gutherzige Beobachtung. Allerdings kann man sich ja fragen, wer eigentlich wem ähnlich ist?

In der Stadt habe ich in einem roten, ein wenig düsteren Haus gewohnt. Das Haus gegenüber war grau. Eines Tages wurde es weiß gestrichen. Da

war unser Haus mit einemmal auf eine angenehme, fröhliche Art rot, es strahlte regelrecht auf.
Ich glaube, daß nicht nur Häuser aufeinander abfärben. Auch wir reflektieren uns gegenseitig, wenn wir miteinander umgehen mit unseren Licht- und Schattenseiten. Das ist für mich die einzig vernünftige Erklärung dafür, daß Frauchen und ich uns im Lauf der Jahre immer ähnlicher geworden sind.
Tiere haben eine erstaunliche Anpassungsfähigkeit an Menschen. Wenn es doch nur auch umgekehrt ein bißchen öfter der Fall wäre!

In jeder Beziehung sollte Geben und Nehmen gleich verteilt sein.

»Du großer Mensch!«

Ich sehe zu dir auf. Ich verlasse mich auf dich. Schließlich bist du es, der für den Verstand zuständig ist. Und für die Verantwortung. Nach deinen Bedingungen dürfen wir anderen Wesen existieren.

Wie können wir nun gemeinsam im Auslauf leben?

Sei jetzt bitte nicht böse auf mich, weil ich so naseweis und undankbar bin und dich bei deiner wichtigen Arbeit störe. Aber es gibt Dinge im Auslauf, die ich nicht richtig begreife. Bestimmt liegt es daran, daß ich bloß ein Hund bin.

Eben deswegen.

Manchmal bin ich ganz durcheinander, ja richtig nervös. Da sind nämlich eine ganze Reihe unangenehmer Dinge, die ich sehen, riechen und spüren kann.

Warum zum Beispiel hörst du nicht damit auf, unser gemeinsames Wasser zu vergiften, unsere gemeinsame Luft zu verpesten, unsere gemeinsame Natur zu zerstören? Wir anderen Wesen sehen doch mit eigenen Augen und riechen mit eigenen Nasen, wie du verschwendest und schwelgst und verwüstest und dreinschlägst. Manche von uns, die ein schwächeres Nervenkostüm haben, jaulen manchmal und meinen, daß alles den Bach runtergeht. Aber die tröste ich dann:

»Verlaßt euch nur auf den Menschen!« sage ich ihnen.

Daß du mit solch erhabener Ruhe so viel Hunger, Gewalt, Ungerechtigkeit, Tod und alle Arten von Greueln mit ansehen kannst, dafür gibt es bestimmt eine natürliche und einleuchtende Erklärung?

Du gebrauchst so oft das Wörtchen »sicher«. Offenbar ist es ein Zauberwort, dein »Sesam, öffne dich!«.

Es ist nur so, daß uns jetzt anscheinend nicht mehr viel Zeit bleibt. Deshalb fragt man sich halt, was wird. Ja-ja, du sagst, du wüßtest, daß es eilt. Du hörst wie wir die Zeitbombe ticken. Vielleicht spürst auch du den beißenden Geruch, der immer einen Gewitterregen ankündigt? Trotzdem läßt du dich keinesfalls hetzen und zu den großen Taten antreiben, die auf dich warten, wie du weißt. Statt dessen verwendest du deine Begabung darauf, immer geräumigere Kleinwagen und immer billigere Luxusgegenstände herzustellen. Deine gesamte Energie und Schaffensfreude geht dabei drauf, effektivere Bomben und pfiffigere kleine Mahlzeiten zu erfinden.

Eigentlich sollte man sich keine Sorgen machen.

Aber ich schaffe es nicht, mich beunruhigt das nämlich.

Ich sehe doch, wie deine Augen härter werden, deine Fernsehhelden blutiger. Und doch muß ich mich auf dich verlassen. Ich habe gar keine andere Wahl.

Ich denke nach, ob es sichere Beweise dafür gibt, daß der Mensch denken kann, oder ob er nur seinem Instinkt folgt.

Der große Auslauf

Inzwischen ist Svea groß genug geworden, um zu verstehen, was ich mit »dem großen Auslauf« meine.

»Da wohnen wir zusammen mit all den anderen drin«, sagt sie nachdenklich.

Aber sie kann nicht gut wissen, daß all die anderen sich aus zum Beispiel 850 000 verschiedenen Insekten, 35 000 Spinnentieren, 20 000 Fischen, 8600 Vogelarten und 3200 Säugetieren zusammensetzen . . . und eine Spezies davon heißt »der Mensch«.

»Es ist ein ziemlich häufig auftretendes Herdentier«, sage ich.

»Wie viele von ihnen sind in der Herde?« will Svea wissen.

»Tja, mit zirka 4,5 Milliarden Menschen mußt du schon rechnen«, antworte ich und sehe, daß Svea sofort zu rechnen anfängt.

Folge mir! Ich kenne den Weg zwar auch nicht, aber wir werden schon finden, was wir suchen, wenn wir nur nicht aufgeben.

Der Auslauf ist unermeßlich. Aber die Anzeichen dafür, daß er trotzdem nicht für uns alle reichen wird, mehren sich besorgniserregend.
Der Auslauf als Sammelbegriff bezeichnet auch alles das, was die riesige Herde am Leben erhält.
»Sicherheit wird sehr häufig genannt«, stelle ich fest. »Die meisten jagen ihr hinterher.«
»Gefühle« sind auch so eine Erscheinung, die für vieles herhalten muß. »Es gibt viele verschiedene ›Gefühle‹, aber die haben fast alle Platz in deinem kleinen Körper, wenn du nur eine große, gute Seele hast«, sage ich noch.
Doch Svea schweigt. Sie will jetzt nichts mehr wissen.
Sie nähert sich mit der Schnauze dem Boden, begibt sich in den Auslauf und riecht schon deutliche Spuren . . .

Die Spur ist ziemlich deutlich!

Der Auslauf ist überall und nirgends. In ihm lebst du dein Leben. Dort gibt es keine Gatter, außer denen, die du selbst errichtest. Manche Fährten bringen dich deinen Träumen und Hoffnungen näher, aber unterwegs wirst du von anderen Gerüchen abgelenkt, denen der Wirklichkeit.

Der Auslauf ist schon ein seltsamer Ort. In ihm kommen wir uns alle näher, aber wir driften auch immer weiter auseinander.

Hier sind wir alle versammelt. Alle Arten von Menschen, alle möglichen Tiere. Ursprünglich war der Auslauf so gedacht, daß alle Platz darin finden; seine Ressourcen sollten unbegrenzt sein und seine Weitläufigkeit sich nicht einmal vom Horizont einengen lassen. Leider hat das nicht richtig hingehauen.

Wir alle, die wir einen Platz darin beanspruchen, sind 850 000 verschiedene Insekten, 35 000 Spinnentiere, 25 000 Krebstiere, 20 000 Fische, 6000 Reptilien, 8600 Vogelarten, 3200 Säugetiere . . . Kein Wunder, daß der Mensch nervös wird und sich vermehrt! Außerdem ist der Mensch den Hunden böse. Unsere Geschäftsverrichtungen beschädigen seine herumliegenden Bierdosen und machen Flecke auf seine zerbrochenen Wegwerfflaschen. Der Platz ist ziemlich knapp bemessen. Wir stoßen an Gatter, wir verirren uns auf falschen Fährten und in Sackgassen, wir werden von den Rangeleien um immer weniger Platz aufgerieben.

Der Auslauf schrumpft.

Oder haben wir uns zu groß gemacht, zu sperrig?

Die Menschen reden oft vom Instinkt der Hunde für ihr »Revier«. Damit ist nicht bloß der Platz gemeint, auf dem man sich aufhält, die Gerüche, die man wiedererkennt, das Rudel, zu dem man gehört. Sondern es ist auch etwas, für das man kämpfen muß. Und dieses »Revier« wird immer mehr zu einem Ausdruck für das Verlangen des Menschen nach einem Kampf mit seinen Waffen. Darum biete ich ihm etwas von meinem Revier an. Komm schnell, wir haben jetzt keine Zeit mehr zu verlieren!

Zwei Goldfische glotzten sich gegenseitig an in ihrem kleinen Glas. Beide überlegten.

»Und wenn es Gott nicht gibt, wer ist dann der, der uns frisches Wasser reinschüttet?« So fragte der Klügere von ihnen.

Ich finde, hier wird auf einfühlsame Art umschrieben, was es mit dem Wesen »Mensch« auf sich hat. Sie sind überall im Auslauf. Es gibt sie in vielen verschiedenen Ausführungen, aber das – wie soll ich sagen – »Standardmodell« Mensch sieht seit 50 000 bis

Manchmal nagle ich den Menschen mit meinen Blicken fest und frage ihn: »Findest du nicht, wir sollten einiges im Auslauf verändern?«

75 000 Jahren genauso aus wie jetzt. Und nun hat er es geschafft, seine Herde auf 4,5 Milliarden anwachsen zu lassen!

Aber ich habe auch von einem Menschen gehört, der allein in einem großen Wald wohnte, wo die Elche ihre Trampelpfade hatten und der Fuchs in der Nacht einsam jaulte.

Kriegt man nicht manchmal Angst mitten in einem großen Wald?

»Angst? . . . Wovor sollte ich Angst haben, schließlich gibt's hier keine Menschen!« antwortete er.

Menschen sind schon verblüffend.

Überall nehme ich ihre Witterung auf. Am deutlichsten sind die Fährten der Starken, die sich selbst dazu auserwählt haben, Machtmenschen zu sein. Sie gehen nur geradeaus, biegen kaum je ab, treten laut auf.

Ich finde es lustiger, die Spuren der Unscheinbaren zu verfolgen. Sie gehen leichtfüßig, mit kleinen Schritten durchs Leben, wissen manchmal nicht mehr weiter, sind aber auch oft draufgängerisch. Sie führen einen gern ein wenig im Kreis und an der Nase herum und kitzeln dabei so nett. Es sind die Spuren von Menschen, die nicht mit Scheuklappen und zusammengebissenen Zähnen auf ein abgestecktes Ziel zurasen. Sie genießen den Weg mehr als das Ziel.

Svea schneidet Grimassen und knurrt vorsichtshalber, so gut sie kann. Sie weiß aber nicht so recht, wozu das Ganze.

Der Mensch hat kleine, weiche Schneidezähne, aber sie reichen für seinen Bedarf.
Der Auslauf wird von Regeln, Erwartungen, Gesetzen eingezäunt. Wer dagegen verstößt, wird zurechtgewiesen, gebeutelt.
Der Mensch hat sich eine eigene Bestrafung ausgedacht. Dazu braucht man weder Schneidezähne, noch macht man sich die Finger schmutzig. Aber etwas Schmerzhafteres gibt es kaum; die Strafe besteht darin, jemanden in einen scheintoten Zustand zu versetzen, der »Einsamkeit« genannt wird. Diese Einsamkeit gibt es deshalb überall, sogar mitten im übervölkerten Auslauf. Und dann sagen die Menschen auch noch: *»Einsam macht stark!«* Am allerstärksten ist man, wenn man ein »einsamer Wolf« ist. Das größte Vergnügen hat ein einsamer Wolf dann, wenn er allein in seinem Zimmer vor dem Fernseher hockt und sich Actionfilme ansieht.
Seine Probleme löst er *allein.*
Seine Zukunft schafft er sich *selbst.*
Was hat er dann an der Einsamkeit auszusetzen, diesem einzelkämpferischen Idealzustand?
Es herrscht ein rauherer Umgangston im Auslauf. Nicht, daß man mehr Raufereien und gebleckte Zähne sehen würde als früher. Aber man ist auf eine merkwürdige Art aggressiver geworden. Jeder ist geladen. Es wird für gut befunden, keine »Aggressionshemmungen« zu haben und beim mindesten Anlaß zu explodieren. Nicht gut ist es, »zu nett« zu sein. »Die Pfeife ist doch so nett, daß es an Dummheit grenzt«, sagt man über Leute, die nicht gleich zuschlagen.
Ich finde, gerade in diesen Zeiten kann man gar nicht nett genug sein! Einsam ist kein bißchen stark! Am allerwenigsten ein einsamer Wolf. Die jedenfalls, die ich kenne, sind so richtige Hänger, die auf Bergen rumklettern und nach Bergkameraden jaulen. Wenn das nicht Gruppenzwang ist! Da sollte man seine Abhängigkeit doch lieber gleich zugeben; wir sind nämlich alle von Natur aus abhängig — voneinander! So ist der Auslauf jedenfalls gedacht.
Manche Menschen gucken so, daß man sagt, sie haben »einen richtigen Hundeblick«. Der gilt als Zeichen von Hingabe, Gemeinschaftsbedürfnis, Anpassungsfähigkeit, Liebe und ähnlichen Anfällen von Schwäche.
Jetzt bin ich ironisch, so wie die Menschen. Ich finde es nämlich gut, wenn man hingebungsvoll sein kann und Liebe zu zeigen vermag. Es heißt, wir Hunde seien nie ironisch. Außerdem hätten wir keinen Humor. Wir verstünden einfach keinen Spaß. Und Witze könnten wir auch keine erzählen.
Das einzige, was wir können, ist, den Menschen ernst zu nehmen.

Wenn ich mir mal was gönne

Hier übe ich eine Tätigkeit aus, die man »sich etwas gönnen« nennt. Ich gönne mir eine alte Tüte, in der es noch lieblich nach Kokosbällchen und Schokoladestreuseln duftet. Es ist ein relativ billiges und außerdem kalorienarmes Vergnügen. Ich verwöhne mich ein bißchen und fühle mich wieder stark genug, den weniger guten Gerüchen des Lebens standzuhalten. Aber die Leute gucken.

»Ja, Frida, haha, hast du dir 'ne alte Tüte über die Schnauze gestülpt?« sagt mein scharfsichtiges Herrchen und spielt darauf an, daß mein Auftreten nicht repräsentativ ist für das Normalverhalten unter Hunden.

»Ja, manchmal gönne ich mir eben 'ne alte Tüte«, erkläre ich dumpf aus dem Tüteninneren heraus.

Da lachen alle, zeigen auf mich und sagen, ist sie nicht zu komisch, diese Frida! Das muß man ertragen können. Es erfordert Zivilcourage, in aller Öffentlichkeit eine alte Tüte über die Schnauze zu ziehen.

Herrchen schämt sich ein bißchen für diese Tüte. Er findet, daß man nicht so rumlaufen darf, wie es einem gerade gefällt, etwa mit Tüten auf dem Kopf. Wenn man auf Kokosflocken und Schokostreusel scharf ist, sollte man solchen Neigungen auf diskretere Weise nachgeben.

»Du weißt doch, die Leute reden«, sagt Herrchen verstohlen.

Das ist typisch für jemanden, der sich nur heimlich was gönnt! Also kein stiller, sondern ein versteckter Genießer. Er hält sich an zwei Prinzipien: Alles, was gut schmeckt, führt zu Löchern in den Zähnen oder wenigstens zu Fettansatz; alles, was Spaß macht, muß aus erzieherischen Gründen eigentlich verboten sein. Ein typischer Genuß sollte nach Möglichkeit an irgendeine Spielart der Aufopferung geknüpft sein.

Zum Beispiel: »Liebling, du machst dir keine Vorstellung, wie anstrengend es für mich war . . . und welche unglaublichen Mengen man in grauenhaft langweiligen Restaurants verdrücken mußte!«

So oder ähnlich beruhigt Herrchen seine Gattin, wenn er von genußbetonten Dienstreisen wiederkommt.

Frauchen sagt dann keinen Ton. Sie weiß nämlich, was todsicher als nächstes kommt:

»Schließlich sind *alle* immer essen gewesen!« So entschuldigt er sein ziemlich typisches Schlemmverhalten.

Was ich so mitkriege, verursacht der Genuß den Menschen namenloses Leid.

»Leider unerläßlich für meinen Beruf«, sagt einer, der sich jedes Jahr ein neues Auto zulegt.

»Diesen Schund sollte man eigentlich verbieten . . . Aber wenn die Kinder dadurch abends zu Hause bleiben,

muß man sich halt damit abfinden«, sagt ein anderer, der sich einen Videoapparat gönnt, das Dreierpack Actionfilme zum Sonderpreis inklusive.
Ich glaube, der gesamte Konsum von Luxusgütern beruht auf diesem Puritanismus der Menschen. Sie suchen sich Alibis für ihre Genüsse. Sie geben zwar zu, daß Sport Spaß macht, aber es ist auch »so gesund, seinen Körper mal so richtig auf Trab zu bringen«. Arbeit ist aufopferungsvollste Plackerei. Die Freizeit kommt dann als Erlösung von einem »ganzen langen Tag Schufterei«.
Man betont gerne, daß »alle« sich etwas Bestimmtes gönnen.
Damit wird der Genuß in eine Art rechtsstaatliches Normalverhalten integriert, und wir Tütenträger werden immer seltener toleriert. Unser Genuß gilt nämlich als nicht ganz »normal«. Wir sind irgendwie »komisch«. Daß die Leute auf meine Tüte gucken, lachen und mit dem Finger zeigen, halte ich nur für ein Symptom dafür, daß

Ratet mal: Warum macht Svealein sich wohl über einen fiesen alten Stock her…?

...weil jemand anderes, ich, den Stock haben will. Kann Egoismus sich schamloser äußern?

es bergab geht mit uns. Aber auf die Dauer wird es einem lästig.
Ich strecke meiner Umwelt die Zunge raus, in der Tüte.
Ich glaube, was uns Hunde vor allem von den Menschen unterscheidet, ist, daß wir unsere Genüsse selten als Arbeit und Pflichterfüllung tarnen. Wer einmal gesehen hat, wie Svea sich einen alten, morschen Stock gönnt, weiß, was ich meine! Da zeigt sich in schöner Offenheit, daß Stockkauen eher lustbetont als sinnvoll ist. Sie frißt den Stock ratzekahl auf, basta. Für sie ist der Stock auf seine Art ein Luxusgut. Svea fragt selten danach, ob sie den Stock verdient hat oder nicht, sie schnappt ihn sich einfach.
Wenn der Mensch sich etwas schnappt, geht es komplizierter dabei zu. Er verweist gerne sowohl auf seine persönliche Aufopferung als auch auf die Bedürfnisse anderer, zum Beispiel nach Sicherheit.
»Maximale Fahrsicherheit für die ganze Familie!« sagt der eine und schafft

sich einen hochglanzpolierten und viel zu teuren Sportwagen an.
»Schließlich lebt man nur einmal«, sagt die andere und trägt einen Zobel. Früher wurden Belohnungen bloß nach fleißiger Pflichterfüllung vergeben. Jetzt bewilligt man sie sich selbst, als Kompensation für ein vages, unartikuliertes Gefühl der Unsicherheit. Die Werbung versteht es natürlich, das auszunützen. Die zentrale Botschaft von Reklame ist, daß die Leute sich etwas gönnen sollen, zum Beispiel *». . . Schenk dir selbst das Klavier, das du als Kind nie bekommen hast!«*, wie für eines der bekannteren Fabrikate in Schweden geworben wird.
Frauchen verging der Appetit, als sie diese Anzeige für den Muttertag sah: *». . . Lade sie zu einer Torte ein – Mutter ist es wert!«*
Herrchen dagegen fühlte sich dazu animiert, sich auf der Stelle die *»Status-Scheckkarte Nr. 1«* zuzulegen, woraufhin sein Luxuskonsum rapide anstieg. Die Botschaft der Scheckkartenfirma hätte von Rechts wegen lauten sollen: *»Gönn dir das Gefühl von Verantwortungslosigkeit . . . leiste dir unser Krösus-Konto!«*

Da sehe ich plötzlich einen netten Ball, und Svea kann ihren fiesen Stock behalten!

Butler ist ein Original; im Schutz seiner Latten läßt er sich über Gott und die Welt aus.

In solche Tüten sollte man seinen Kopf lieber nicht stecken. Darin lauern viel gefährlichere Verlockungen als Kokos- und Schokoflocken.

Hinter den Latten hier steht mein Freund, der Bassethund Butler, und murrt.
»Frida, du alte Moralistin, laß die Leute in Frieden, wenn sie sich mal was gönnen. Ich glaube, es ist gut für die Wirtschaftslage. Was glaubst du denn, wie es bei uns aussähe, wenn alle sich mit 'ner alten Tüte auf dem Schädel begnügten?«
Butler, dieser unverbesserliche Anhänger der freien Marktwirtschaft! Niemand kann so eindringlich vom Segen des Konsums predigen wie dieser alte Geizkragen. Leute wie Butler verdienen nämlich am Genuß. Wenn sich jemand verschuldet hat, stellt er sich verbindlich vor und bietet seine Hilfe an, zu halsabschneiderischen Bedingungen. Sicherheit und einfache Kokostüten sind eine Bedrohung seiner cleveren Wohltätigkeit. Butler steht ruhig hinter seinen Latten und wartet ab.

Die weiße Pudeldame Bessy liegt die meiste Zeit frisch frisiert in ihrem Sicherheitskäfig und fühlt sich unsicher. Im Preis inbegriffen war auch ein Satz garantiert beißgerechtes Sicherheitsspielzeug. Das hat Bessy verputzt, und

danach mußte sie zum Tierarzt gebracht werden. Jetzt nimmt sie Beruhigungsmittel.
»Das Gefühl, eingesperrt zu sein, hört so oder so nie im Leben auf«, seufzt sie.
Nein, nichts vermittelt einem ein so lähmendes Gefühl des Eingesperrtseins wie Sicherheitskäfige. Das hat nichts mit der Härte des Stahls oder dem Abstand der Stäbe zu tun.
»Es ist einfach das *Gefühl*! Man kann ja sogar in einem winzig kleinen Käfig liegen und die draußen alle als in einem noch kleineren Käfig eingesperrt betrachten . . . wenn man das Gefühl des Eingesperrtseins nicht hat«, sage ich philosophisch.
»Aha, so große Käfige gibt's?« murrt Butler, aber der tickt einfach nicht richtig mit seinem gestelzten Gerede.
Die engsten Stäbe der Welt sind nicht an einem Käfig. Die hat man dann vor sich, wenn man eine richtige *Veränderung* durchmacht, wenn einem etwas passiert und man glaubt, nie damit fertig zu werden.
Mit Veränderungen ist es komisch. Zuerst kommen sie einem aufregend und neu vor. Aber auch fremd und be-

Bessy scheint in ein schwieriges Alter zu kommen – oder ist ihr vielleicht ihr Luxuskäfig einfach viel zu eng geworden?

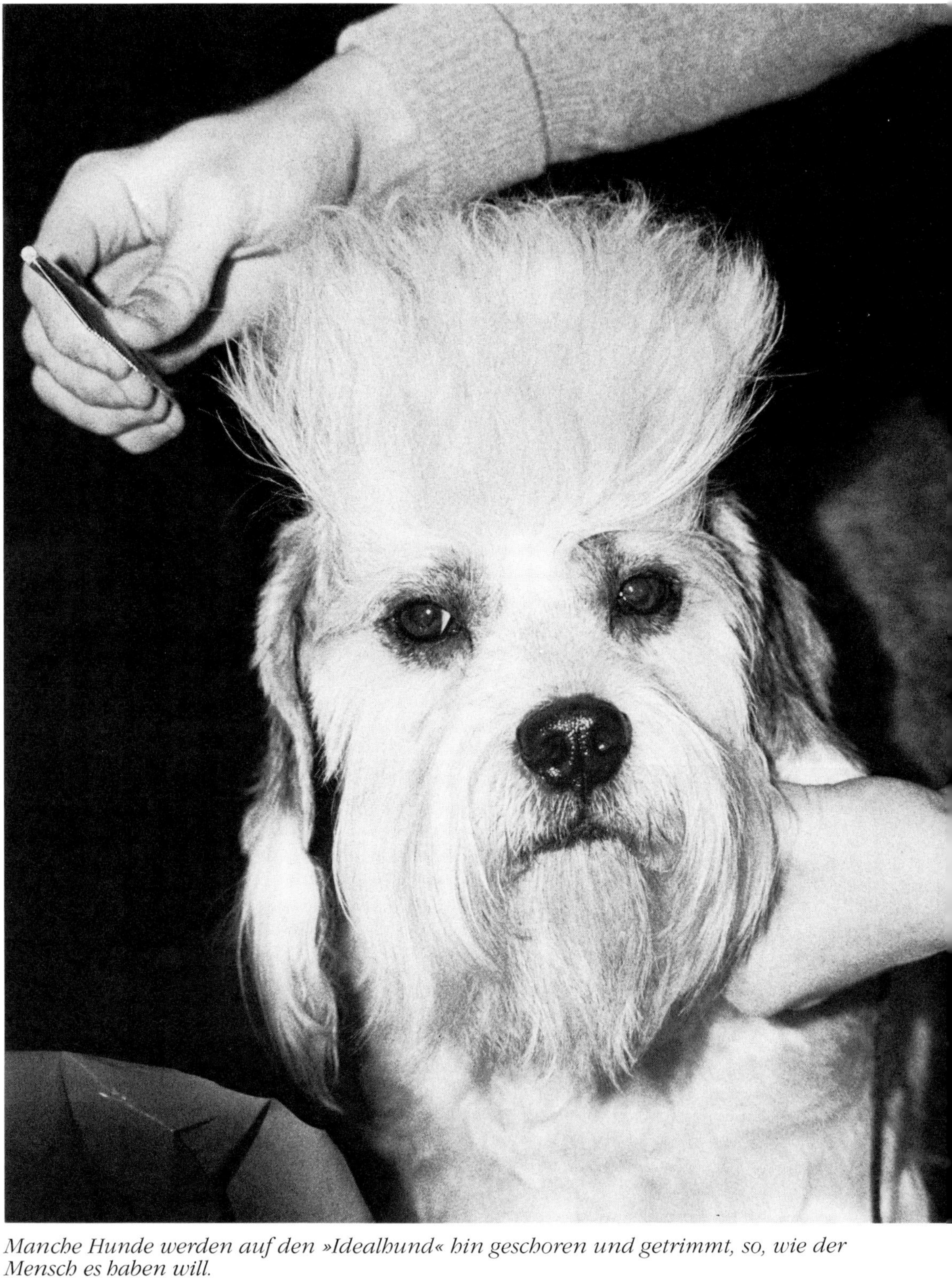

Manche Hunde werden auf den »Idealhund« hin geschoren und getrimmt, so, wie der Mensch es haben will.

drohlich. Ich nehme an, daß keiner Veränderungen so richtig mag, weil man ja vorher nicht weiß, wie es ausgeht. Die größte Veränderung meines Lebens war, als ich plötzlich in den großen Käfig gesperrt wurde, der Stadt heißt.

Ich glaube, ich habe einen Schock gekriegt. Es belastet einen Welpen, von seinem idyllischen Heim auf dem Land in die fremde und furchterregende Ecke des Auslaufs versetzt zu werden, die »Stadt« genannt wird. Dort ließ man mich in einem großen Käfig frei, der sogenannten »Wohnung«. Ich rutschte aus auf dem glatten Boden. Ich biß in Teppiche, die fade schmeckten, aber einem in den Zähnen hängenblieben. Mir taten die Ohren weh vom Lärm. Ich kriegte eine trockene Nase von der schlechten Luft.

Da tat ich etwas unheimlich Kindisches: *Ich beschloß, es mir schlechtgehen zu lassen.* Am Anfang war es ziemlich leicht, es mir schlechtgehen zu lassen und schmollend im dunklen Flur zu liegen. Mit der Zeit wurde es schlimmer. Je besser es mir in der Stadt gefiel, desto schwieriger war es, mich so richtig schlecht zu fühlen! Spielend leicht und kaum merklich gewöhnte ich mich an diese Sache, die einem zu Anfang immer zuwider ist: eine Veränderung. Es ging mir sogar regelrecht gut!

Dann passierte etwas anderes, genauso Verblüffendes. Ich kniff mich in die Pfote und sagte zu mir: »Nicht möglich, was für ein Riesenunterschied zwischen dem Land und der Stadt ist!«

Ich fand es nämlich richtig angenehm, endlich alle ekligen Käfer, lästigen Zecken und dummen Kühe los zu sein.

Der rustikale dörfliche Charme lockt viele Städter, ich weiß. Aber ich finde die Waldwege unbequem. Felder und Wiesen pieksen an den Pfoten und lassen sich als Unterlage für bequeme Spaziergänge nicht mit dem herrlichen Asphalt und den kommunal gestutzten Parkanlagen der Stadt vergleichen.

In den besseren Gegenden der Stadt kann man gebildete Gespräche mit kultivierten Gleichgesinnten führen. Auf dem Land wird man in einem fort zu peinlichen Begegnungen mit ungebildeten Pferden, ungezogenen Bauernhunden und schlechtriechenden Katzen gezwungen. Anfangs heuchle ich noch höfliches Interesse und verstelle mich. Aber dann wird mir immer elender zumute. Und ich sehne mich nach meinen Parks zu Hause, in denen ich Prominente treffe.

Natürlich mache ich Spaß. Das tue ich manchmal, wenn ich gerade an etwas Unangenehmes denke. Ich denke daran, wie unangenehm es ist, daß man sich so leicht verirren und sich selbst verlieren kann. Man läßt andere für sich denken und meinen. Man wird gestutzt und gepflegt, genau wie die städtischen Anlagen. In denen steht oft das Schild: *Rasen betreten verboten!* Ich sehe viel zu oft viel zuviele Leute, die wirken, als würden sie ein Schild mit der Aufschrift tragen: *Auf mir rumtrampeln verboten!* Das mit dem Rumtrampeln meinen sie ja nicht wörtlich. Sie wollen bloß, daß wir sie so lassen, wie sie sind – und nicht versuchen, sie umzukrempeln. Denn das ist eine gefährliche Veränderung. Du nimmst sie nicht wahr.

Manchmal frage ich mich, wer im großen und ganzen eigentlich das Sagen hat. Es muß der Staat sein. Herrchen kann es nicht sein, denn der wird so merkwürdig, wenn der Staat ihm blaue Briefe schreibt. Herrchen fürchtet sich ein bißchen vor dem Staat, glaube ich. Und zwar seit damals, als er versucht hat, mit dem Staat zu spaßen. Es fing mit einem blauen Brief an. Der Staat, genauer gesagt, die örtliche Finanzbehörde, wollte wissen, wieso Herrchen in seiner auf Ehre und Gewissen unterschriebenen Steuererklärung vergessen hatte, eine gewisse Einnahme anzugeben? Zuerst wurde er rot vor Scham, dann weiß vor Schrecken.

»Sie meinen sicher dieses Taschengeld, das wir gekriegt haben, weil ich mich in einer Zeitung abbilden ließ. War es nicht in ›Hundesport‹?«

Da erstarrte Herrchen wie ein Stöberhund auf der Fährte.

»Recht hast du, Frida, schließlich hast *du* das Geld verdient. Also müssen sie sich an dich wenden, haha!«

In aufgeräumter Verfassung schrieb Herrchen an den Staat und gab diese korrekte Sachlage an. Um das Gewicht seiner Eingabe zu unterstreichen, ließ er mich mit einem dicken Pfotenabdruck unterschreiben, dessen Echtheit von kichernden Freunden beglaubigt wurde. Der Staat blieb zunächst stumm. Dann kam der übliche blaue Umschlag: *». . . Da Sie die Angabe machen, Hund zu sein . . . und so weiter«,* in dem eine nähere Erklärung gefordert wurde.

Glücklich vor sich hin summend erklärte Herrchen sich näher, und mit wachsender Besorgnis mußte ich meinen Pfotenabdruck daruntersetzen. Ich hatte das Gefühl, daß dem Staat die ganze Sache nicht so recht gefiel. Und ich behielt recht. Plötzlich zeigte der Staat die Zähne. Herrchen mußte zur Polizei und eine »Zustellung« quittieren. Da fand er es nicht mehr angebracht, mit dem Staat zu spaßen.

»Frida, ich glaube, jetzt ist es das beste, wenn du den Staat besuchst und alles erklärst«, sagte er nervös.

Frisch gewaschen und gestriegelt wurde ich in die Empfangshalle des

Finanzamts geführt, in der schuldbeladene Menschen hin und her irrten und sich nach dem Ausgang sehnten. Herrchen und ich entdeckten beide zugleich das Schild. HUNDE HABEN KEINEN ZUTRITT! stand darauf. Unser tief verwurzelter Respekt vor Gesetzen und Verordnungen nötigte uns, das Haus sofort zu verlassen. Herrchen schrieb einen Brief, in dem er erklärte, warum:

»... Ich bin der Ansicht, daß das Hundeverbot im Finanzamt selbstverständlich respektiert werden muß, und habe außerdem vollstes Verständnis dafür, daß ein saumseliger Steuerzahler schlecht mit einer Sonderbehandlung rechnen kann, nur weil er ein Hund ist«, stand in dem Brief, den ich mit meinem vor Gesetzesfurcht zitternden Pfotenabdruck unterzeichnete.

Damit hatte der Staat sein Fett weg. Aber danach kam noch ein blauer Brief, an mich!

»In Ihrer Eigenschaft als Hund können Sie Ihre Steuerschulden durch einen Bevollmächtigten, vorschlagsweise Ihren Erziehungsberechtigten, umgehend begleichen«, schrieb der Staat.

Ich kam mit dem bloßen Schrecken davon. Aber Herrchen, der alte Schäker, mußte ein Bußgeld zahlen, das sich gewaschen hatte. Zusätzlich zur Steuernachzahlung.

Von Herrchen habe ich gelernt, daß man vor der Obrigkeit nicht katzbuckeln soll.

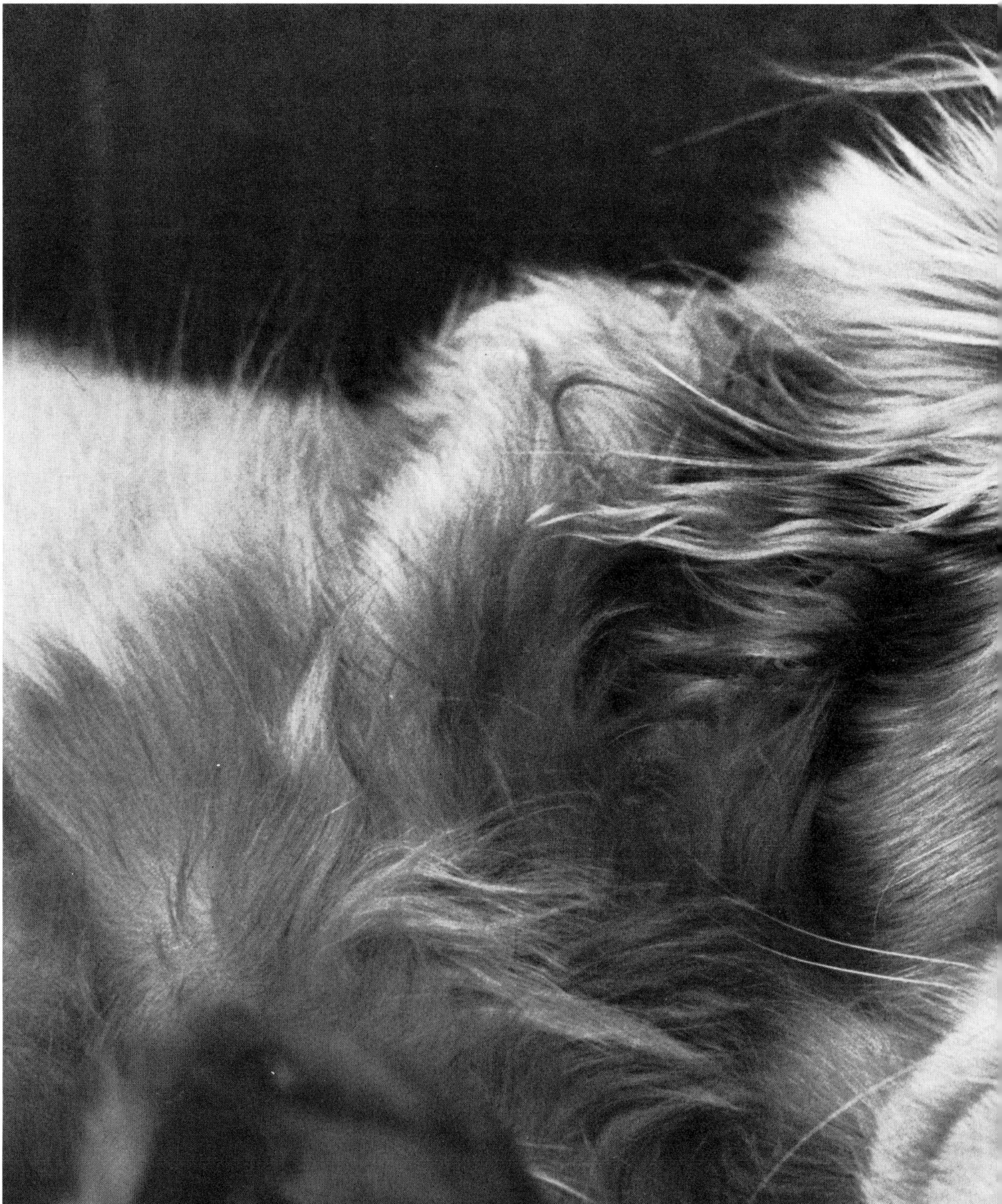

Verboten: Unsicherheit!

Nein, in Wirklichkeit ist es erlaubt. Aber dieses kleine, praktische Wörtchen »sicher« hört man in letzer Zeit so oft, daß man sich schon wundert.

»Gibt es noch andere Wörter, die ungefähr dasselbe bedeuten?« habe ich mein allwissendes Herrchen gefragt. Da bekam ich was zu kauen.

»Sozialamt, Arbeitsbeschaffungsmaßnahme, Unfallaufnahme, Pflegeheime, Heimpfleger, Eheberatung, Arbeitnehmerbonus, Amtsarzt, Ombudsfrau, Pflichtverteidiger, Wohngeld, Familienplanung, Gesundheitsamt, Sanierungszuschuß, Telefonseelsorge, Integrationsstütze, Meldepflicht, Versicherungspflicht, Schulpflicht, Sprechstunde, Notarzt, Sozialfürsorge . . . um nur das Wichtigste zu nennen«, lautete Herrchens Antwort.

»Hilfe!« rief ich.

»Ja, genau; Hilfe«, sagte Herrchen. »Du und ich, wir leben nämlich in der hilfreichsten aller Welten. Man sieht pausenlos, daß uns geholfen wird. Vom ersten Schrei bis zum Todesröcheln kriegen wir Hilfe. Alarmanlagen und diensthabende Pflegecomputer ticken in jeder Sekunde unseres Lebens. Man hat uns in die letzte Sicherheit geführt . . .«

»Wer hilft uns denn?« wollte ich wissen.

»Die«, antwortete Herrchen, »die, die sich *Gesellschaft* nennen . . .«

Von diesen Mitteln gegen Reisekrankheit wird mir erst richtig schlecht!

Zu meinem Sicherheitsdenken gehört, daß ich mir einmal im Jahr vom Arzt bescheinigen lasse, wie gesund ich bin.

Das einzige, was die Gesellschaft zum Dank von uns verlangt, ist, daß wir ihr den Gefallen tun, uns sicher zu fühlen.
»Sollte sich jemand wider Erwarten doch unsicher fühlen, braucht er nur zu einem der vierhundertsechzig beruhigenden Präparate zu greifen, die die Arzneimittelbranche für uns bereithält«, beruhigte mich Herrchen.
Im kleinen, sicheren Schweden allein wurden im Fürsorgejahr 1982 zirka 194 Millionen Pillen gegen Unsicherheit geschluckt. Das sind ungefähr vierundzwanzig Sicherheitspillen pro Nase.
»Mund auf!« sagte ich zu Herrchen, denn ich sah, daß er auf etwas herumkaute.
»Aus!«
Aber er hörte nicht auf mich. Schnell schluckte er runter und verbesserte dadurch die besorgniserregende Statistik.

Anders, als man auszusehen glaubt: immer gut frisiert und »ewig jung«.

Wenn die Ohren fliegen und einem das Fell durcheinandergewühlt wird, kommt man seinem wahren Ich näher!

Zwei Aufnahmen von mir. Das eine Foto entspricht meinem Selbstbild. Das andere zeigt mich so, wie meine Umgebung mich sieht – und wie sie hofft, daß ich selbst wagen werde, mich in einem scharfsinnigen und unvoreingenommenen Moment zu sehen. Wenn ich es mir aussuchen darf, gefällt mir das eine Foto am besten. Das andere finde ich schlechter, um ganz ehrlich zu sein. Welches ich mir aussuche, ist mein Geheimnis.

Zwei Fotos desselben Hundes?

Das eine verspricht ewige Jugend, Schönheit, Glück. Das andere hält einem den Spiegel des Alltags vor, in dem die Wahrheit in lauter Scherben zerbrochen ist. Ich glaube, die Wirklichkeit liegt irgendwo da, wo die Fotos ineinandergleiten.

Einmal rief Herrchen nervös aus dem Badezimmer nach mir.

»Sei jetzt ganz ehrlich, Frida. Es sieht doch so aus, als ob ich ein bißchen Speck ansetze, was?«

»Doch, schon«, antwortete ich. »Du bist dick. Fett, um genau zu sein . . .«

Soviel Freude bereitet er mir doch immerhin, daß ich mich verpflichtet fühle, aufrichtig zu sein. Aber er war überhaupt nicht froh, sondern beleidigt. Mit eingezogenem Bauch stolzierte er besorgt auf und ab und quengelte: »Wie dick meinst du?«

Da wußte ich, wieviel Ehrlichkeit er vertrug.

»Na ja, nicht so richtig dick – hier und da ein bißchen großzügig gut gebaut, kann man sagen . . .«

Das erwartete er nämlich; die angenehme, schmeichlerische, ausweichende Lüge. Es ist die gefährlichste Lüge, weil sie verlangt, daß die Wirklichkeit immer schön sein muß.

Ich bin nicht ewig jung. Ich bin auch kein »grauer Panther«. Es ist nur so, daß ich alt bin. Meine Schnauze wird weiß, ich werde bequem, bewege mich langsamer, sehe geruhsam das, was ich sehen will, und habe auch noch einigermaßen einen Spürsinn für das Gute im Leben. Aber ich weiß, was mich erwartet. Die Menschen wissen es nicht.

Keine Pillen der Welt helfen gegen das unwiderrufliche Altern. Tabletten helfen den Menschen vielleicht, genauso wie ihre Flucht aus der Wirklichkeit, gegen das Gefühl zu altern; sie umnebeln den Verstand und betäuben die Furcht.

Warum habt ihr solche Angst vor euren Alten?

Warum nehmt ihr dem Altern seine stille Würde?

Denn in der heutigen Gesellschaft ist es ja beschämend, alt zu werden. In dem Maße, in dem man es nicht wahrhaben will, wird das allzu aufdringliche Altern mit ermunternden Zurufen dieses Typs quittiert: *»Guck mal, die alte Schachtel Frida, da führt sie*

Erst fürchtete Svea sich vor mir, aber das ging schnell vorbei. Dann wurde sie nämlich müde, ernannte mich zur stellvertretenden Mutter und schlief ein.

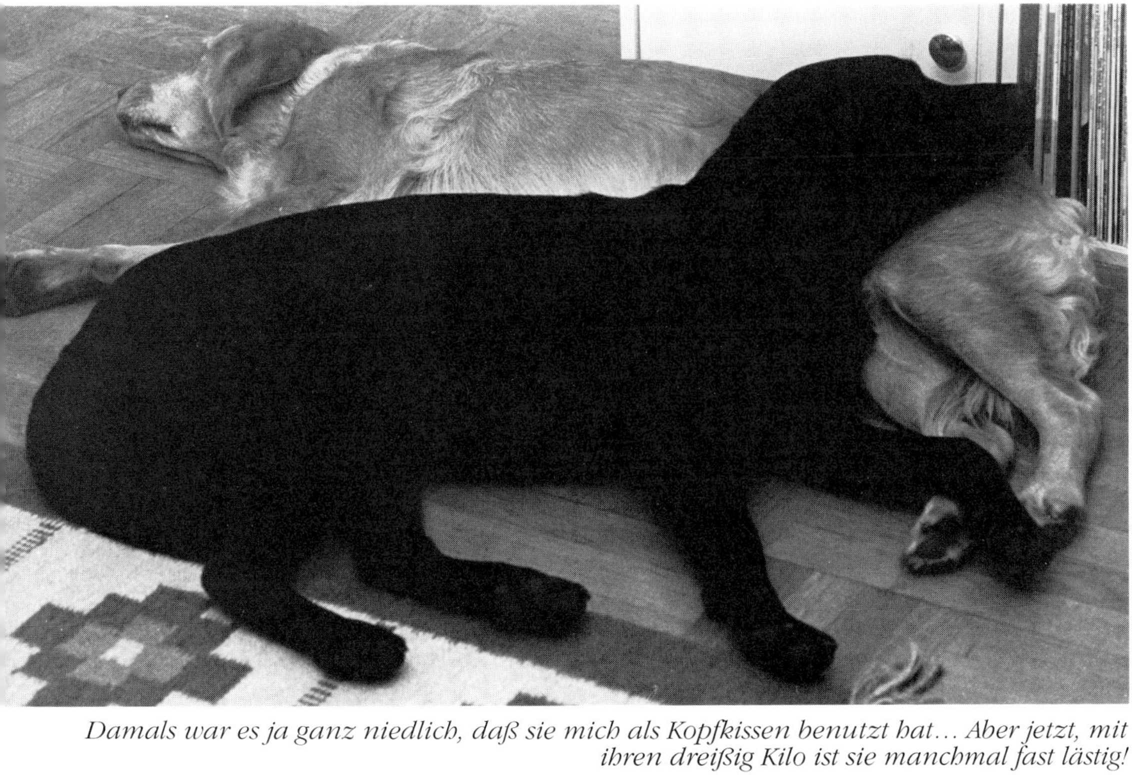

Damals war es ja ganz niedlich, daß sie mich als Kopfkissen benutzt hat… Aber jetzt, mit ihren dreißig Kilo ist sie manchmal fast lästig!

Ich erinnere mich noch genau, wie sie sagten: »Der Hund gehört absolut nicht aufs Sofa!«

sich doch glatt noch mal auf wie ein Welpe!«

So einen Blödsinn muß ich mir manchmal anhören. Dann möchte ich sie da zwicken, wo ich weiß, daß es ihnen am meisten wehtut: in ihre Furcht vor der *Zeit.*

Als ich jung war, hatte ich auch Angst vor dem Altwerden. Das gehört zur Jugend, es ist die Kehrseite der Lebensfreude. Mit der Zeit wird man vernünftiger und versteht es immer besser, etwas aus seinem Leben zu machen. Es kommt darauf an, die Zeit zu akzeptieren. Man sollte stets genauso alt sein, wie man wirklich ist, und nicht, wie man sein möchte. Daß die jungen Leute so schnell wie möglich älter werden wollen, wird häufig als Zeichen für Dynamik und einen schwungvollen Drang nach vorn gewertet. Ein Alter, der jung werden will, kann einem leid tun.

Die Gesellschaft erinnert einen tagtäglich daran, daß die Altgewordenen im Weg sind.

Das mit dem Alter verstehe ich sowieso nicht… Erst hieß es immer, man wäre »zu jung«…

…jetzt hört man nur noch, daß man »zu alt« ist… Wann ist man eigentlich genau richtig?

Freundschaft. Wie schmeckt das?

Jetzt möchte ich mal ein bißchen ausführlicher von einer Hündin erzählen, mit der ich verkehre. Wir sehen uns fast täglich, sie wohnt nur ein paar Häuserblocks entfernt und ist immer schon von weitem zu erkennen: ein fröhlicher roter Tupfer, der sozusagen durchs Stadtbild hüpft. Sie heißt Scariff und ist ein Irish Setter. Wir kennen uns nun schon seit ziemlich vielen Jahren. Ich weiß noch, wie wir uns das erste Mal begegnet sind: Sie kam wie ein Blitz aus der Dämmerung im Park geschossen, ich mochte sie aufs erste Bellen, und in großen Kreisen liefen wir den ganzen Abend herum, ohne daß eigentlich viel gesagt werden mußte.

Ich habe mich lange gefragt, was eigentlich so Besonderes an ihr ist; wie es kommt, daß sie irgendwie immer in der Nähe ist, und wie man das gut und treffend beschreiben könnte. Und dann ist es mir eingefallen: Scariff ist ein guter Freund! Danach verfiel ich in jahrelanges Grübeln über die Antwort auf die interessante Frage: *Was ist eigentlich ein Freund?* Ich fürchte, ich habe keine gute Antwort parat. Es gibt viele Antworten darauf. Aber Freunde gibt es nicht so viele, wenn man der Sache richtig auf den Grund geht.

So, wie die Dinge liegen, kennt man schon eine Menge Leute. Das heißt aber noch lange nicht, daß man massenhaft Freunde hat. Man hat bloß je-

Scariff verfügt über dieselbe zurückhaltende Grazie wie schon Generationen vor ihr.

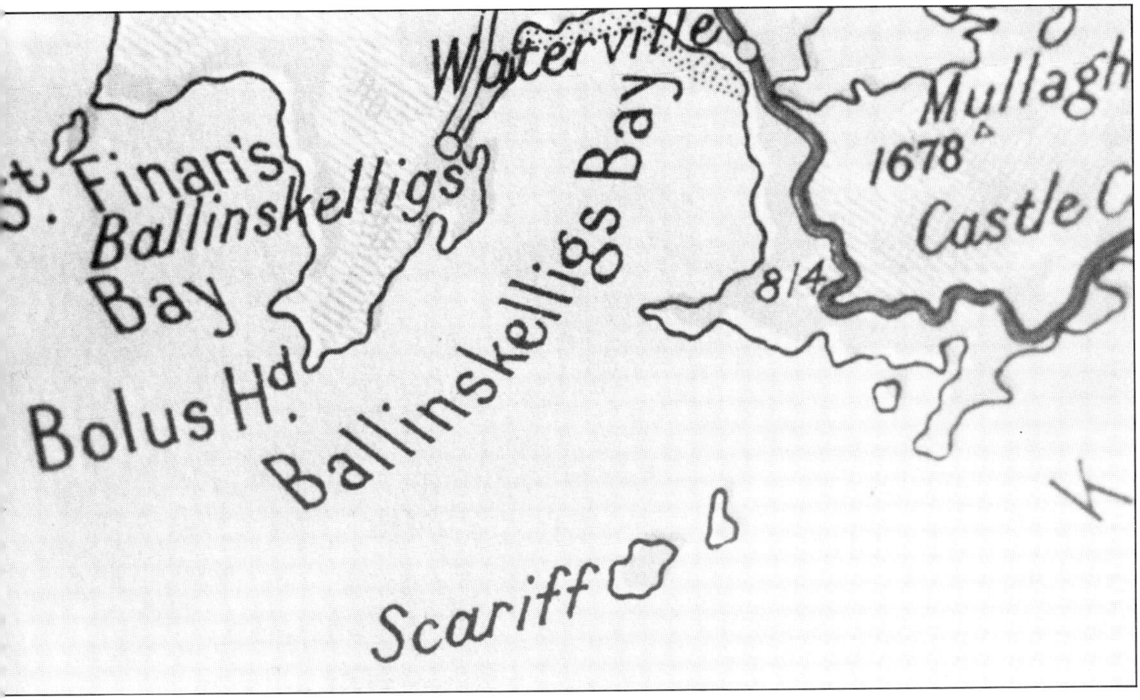

de Menge *Bekannte*. Wenn man jung ist, will man viele Freunde haben, weil man dann fühlt, daß man beliebt ist. Wenn man ein bißchen älter und klüger wird, fällt einem folgendes auf: Es gilt fast schon als beschämend, keine größere Anzahl von Freunden zu haben!

»Kein Wunder, daß dieser Typ keinen einzigen Freund hat!« So etwas sagen die Menschen auf sehr unfreundliche Art voneinander.

»Gestern habe ich einen kennengelernt, der ist nun wirklich mein bester Freund geworden«, habe ich auch schon sagen hören, aber das klang sehr jung.

Diesen Leuten möchte ich zu bedenken geben, daß man Freunde nicht sammelt wie Bälle oder Stöcke. Eins dürfte klar sein: Es dauert seine Zeit, bis eine Bekanntschaft zur Freundschaft ausgereift ist.

Scariff ist nicht nur ein Irischer Setter, sie kommt nicht nur den ganzen weiten Weg von Irland her. Sie heißt auch noch nach dem Ort, wo ihre preisgekrönten Vorväter wohnten: Scariff. Scariff ist also außer einem Hund noch eine kleine Insel vor der Südspitze von Irland. Daß sie das moralische Alleinbesitzrecht auf eine ganze Insel beanspruchte, war schon ein mittleres Problem für Scariff. Niemand glaubte ihr.

Scariff sieht von allen Seiten einfach wunderschön aus. Irish Setter sind eben wesentlich eleganter als Golden Retriever.

Ich mit meiner gesunden Skepsis vor allen Angebern am allerwenigsten.
»Sieh doch selbst«, kläfft Scariff und zerrt den größten Weltatlas der National Geographic herunter.
»Dann müßte Kalle ja eigentlich New Foundland heißen, was?« sage ich augenzwinkernd; ich meine den Neufundländer Kalle, der in Öxelösund geboren ist.
Dann geht Scariff immer auf mich los, aber freundschaftlich, weil ich nämlich anmerke, man bräuchte schon die größtmögliche Karte, um ihre lächerliche Winzinsel überhaupt auch nur stecknadelkopfgroß zu erkennen ...
So was ist ein typischer Anlaß für unsere Kabbeleien. Unter Freunden gibt es immer solche Kabbeleien, das ist ganz normal. Wenn man sich nicht traut, den anderen mal ein bißchen zu veralbern – oder einen Atlas rauszuziehen, um sich gegenseitig aufzuziehen –, dann ist es bloß ein Bekannter.
Die Frage ist also: *Wann ist es angebracht zu kabbeln?* Ich würde sagen, es ist eine Frage der Zeit.
Man muß sich Zeit nehmen, um sich richtig anzufreunden. Wieviel Zeit, das kann man vorher nicht wissen.
Es ist wie mit einem neuen Stock: Man weiß nicht, wie er eigentlich schmeckt, bevor man nicht die Rinde durchgenagt hat.

Man weiß immer, woran man mit einer Freundin ist – bis auf den letzten Biß: Auf Scariff kann man sich verlassen!

Ich bin der Ansicht, daß die Menschen es zu sehr auf die leichte Schulter nehmen. Mit ihren Freunden ist es wie mit unseren Stöcken – sie kauen eine Weile daran, bis sie Geschmack an einem anderen Stock finden. Herrchen neigt dazu, total enthusiastisch nach Hause zu kommen, wenn er eine neue Bekanntschaft gemacht hat:

»Ich spür' es, das ist jetzt wirklich ein Freund, mit dem man durch dick und dünn gehen kann!« versichert er, gestützt auf untrügliche Menschenkenntnis.

Ich krieche dann schon immer gleich unter den Tisch. Und er fragt, warum ich da hocke und betreten aussehe?

»Weil mir auf einmal einfällt, wie oft du hinterher gesagt hast: › . . . *oh, dieser Schuft, und ich dachte, er wäre ein wirklich guter Freund!*‹«

Ich muß ihn dann daran erinnern, daß richtig gute Freundschaft auch den Geruch von Beständigkeit annimmt. Enttäuschung riecht anders, irgendwie säuerlicher.

»Eine richtig gute, haltbare Freundschaft schließt immer eine ganz besondere Freude ein – Wiedersehensfreude«, finde ich.

Und dann gibt es noch eine ganze Menge verschiedene Freundschaften; alles, von Herrchens alten Barraskumpels und Frauchens Arbeitskollegen bis zu der ganzen Schar von Geschäftsfreunden, Golffreunden, Kunstfreunden, Bridgefreunden, Kochfreunden, Lyrikfreunden, Naturfreunden und was weiß ich, was für Freunden noch, die sich aus unterschiedlichen Gründen »Freunde« nennen. Und dabei habe ich die wirklich großen und wichtigen Gruppen der Hunde-, Katzen-, Pferde- und anderen Tierfreunde noch gar nicht mitgerechnet. Die Tiere lieber jagen, nennen sich komischerweise nicht Jagdfreunde, sondern »Wildhüter«. Sogar das verstehe ich, nach einigem Überlegen. Was ich nicht verstehe, ist, wenn Menschen »bloß« Freunde sind: »Nee, wir sind eben bloß Freunde«, seufzen sie. Und betonen das »bloß« so überdeutlich. Damit wollen sie also eine tiefere Freundschaft abstreiten, besonders das, was Liebe genannt wird. Dieses »bloß Freunde« klingt kälter als die Worte »Feindschaft« und »Gleichgültigkeit«, finden jedenfalls Scariff und ich. Jemandes Feind zu sein erfordert persönlichen Einsatz. Aber wenn einer aufhört, ein Freund zu sein, ist er es eigentlich nie gewesen. So, wie man oft auch erst befreundet sein muß, um verfeindet zu werden – und manchmal umgekehrt. Ich finde, Freundschaft ist etwas Wandelbares, Lebendiges; sie steigt und fällt wie die Triller einer Lerche, wenn sie am Abend singt.

Die Menschen haben natürlich ein ziemliches Durcheinander angerichtet; sie haben sich verschiedene Arten von Freundschaft ausgedacht. Es wird behauptet, richtige Freundschaft gäbe es eigentlich nur unter Männern, ganze Kerle, die sich mit markigen Stimmen und hüpfenden Adamsäpfeln ewige Freundschaft geloben — wenn nichts Unvorhergesehenes dazwischenkommt . . . Aber das sagen sie ja nicht, bevor es zu spät ist.

Frauen werden bloß *Freundinnen.* Das klingt hübsch, wirkt weicher und erfordert keinen so markant-hochtrabenden Tonfall. Wir Freundinnen geben einander kleine Vertrauensbeweise, die vielleicht nicht immer so wahnsinnig bedeutend sind. Deshalb ist unsere Freundschaft lebendig, wie eine neugierig schnuppernde Schnauze.

Das wirklich Wunderbare an der Wiedersehensfreude ist, daß sie sich endlos wiederholen läßt! Wir treffen uns täglich…

Genau wie Hund und Katz'

Was ich jetzt erzählen werde, erfordert starke Nerven, obwohl es von Freundschaft handelt. Wieder einmal ist es meine phlegmatische Freundin Meppa, die dafür gesorgt hat, daß sie im Mittelpunkt steht. Der Leser weiß ja inzwischen, daß Meppa ein typischer Hund ist. Er oder sie sollte dazu noch erfahren, daß der Kater Thure ein typischer Kater ist. Damit kann die Geschichte losgehen. Aber macht die Augen zu, wenn es euch zu grausig wird.

Meppa und Thure treffen sich fast täglich. Mit ihrer unwahrscheinlich kräftigen Schnauze packt Meppa den Thure beim Wickel. Erst schiebt sie ihn sich zwischen ihre riesigen Vorderpfoten. Dann zielt sie genau auf seinen kleinen, zarten Nacken, den sie zwischen ihre fürchterlichen Beißer zwängt, um ihn dann auch noch vorsichtig dort festzuklemmen. Danach geht Meppa ein bißchen auf und ab, während Thure ihr aus dem Maul baumelt. Er ist inzwischen groß genug geworden, um sich mit den Hinterpfoten abzustoßen. Das macht er gern. Aus Meppas Maul baumelnd, stelzt Thure also auf seinem täglichen Spaziergang vor der Küchentür auf und ab.

Fast jedesmal werden sie von schreienden Menschen gestört.

»Seht her! Mein Gott, der Hund beißt die Katze tot!«

Thures Mutter Svartis sitzt meistens auf dem Torpfosten, überwacht mit ihren gelben Augen die Situation und quittiert sie mit einem müden Lächeln: *»Die beiden sind doch bloß wie Hund und Katz'«,* sagt sie ganz gelassen.

Aber das verstehen die Menschen nicht. Denn wenn sie von »Hund und Katz'« reden, meinen sie: Feindschaft. Das beruht auf einem tragischen Mißverständnis. Wenn Thure vor jugendlicher Ungeduld zappelt, lockert Meppa vorsichtig den Griff ihrer Beißer, um auch gleich eine Erklärung abzugeben:

»Auf keinen Fall sollte man den übereilten Schluß ziehen, daß ich alle Katzen mag. Ich mag immer nur eine bestimmte Katze. Meine Sympathie oder Antipathie beruht auf dem *Individuum.* Schließlich kann man doch unmöglich eine emotionale Beziehung zu einer ganzen Herde, Art oder Rasse haben.«

Meppa glaubt, eine globale Ablehnung würde zu gefährlichen Verallgemeinerungen führen.

»Auf die gleiche Weise könnten dann alle weißen Katzen sich einbilden, sie hätten das Recht, alle schwarzen abzulehnen. Die Hunde einer Rasse dürften gegen eine andere Rasse zu Felde ziehen . . . Nein, daraus würden ja die größten Torheiten entstehen!«

Und es würde ungemütlich werden im Auslauf.

Meppa nimmt gerne Kinderbetreuungsprobleme in Angriff – und ganz besonders bei Thure!

Richtig miteinander umgehen

Wir treffen uns ziemlich oft auf der Wiese unten am See. Dann machen wir viel zusammen. Vor allem der Terrier Pix ist sehr gesellig. Er versucht mit praktisch allem und jedem zu tändeln, was ihm über den Weg läuft. Besonders mit Meppa, vier Jahre alt.
»Macht 'nen Riesenspaß, zusammen was auf die Beine zu stellen«, schnauft Pix, aber die gutmütige Meppa nimmt eine prinzipiellere Haltung ein.
Mit einem Plumps setzt sie sich hin.
»Ich sitz' bloß da und warte auf den Richtigen«, erklärt sie wehmütigen Blicks.
Pix stutzt etwas, aber so leicht gibt er nicht auf. Er geht weiter um, was das Zeug hält.
So ungefähr waren die Verhältnisse bei uns unten auf der Wiese. Sicher, es waren gemütliche, ungezwungene Umgangsformen. Aber trotzdem, irgendwas fehlte doch?
Ich hatte meine Ahnungen, aber ich wollte nichts sagen, um nicht aufzufallen. Deshalb sagte es statt dessen meine Freundin Scariff:
»Ich glaube, wir tasten uns bloß stümperhaft vor«, waren ihre Worte.
Sie wollte wissen, ob wir nicht auf einer viel zu oberflächlichen Ebene miteinander umgingen. Sollten wir nicht anfangen, an uns zu arbeiten? Also legten wir gleich damit los. Aber das war auf die Dauer viel zu arbeitsintensiv, fand Meppa und setzte sich wieder hin, dies ein deutlicher Seitenhieb gegen den kleinen Pix, der verschreckt runterpurzelte.
Tja, so ungefähr tasteten wir uns vor. Da fand ich es angebracht einzugreifen.
»Hört mal alle her! Ist es nicht ganz einfach so, daß uns neue Methoden fehlen? Wir befinden uns im Leerlauf der alten tierischen Instinkte. Wir sind nicht mehr auf dem laufenden! Also müssen wir auf den neuesten Stand kommen; wenn man richtig miteinander umgehen will, ist eine *fortlaufende Weiterbildung* erforderlich«, sagte ich sanft zurechtweisend.
Es wurde ganz still auf der Wiese. Dann rief der junge Golden Retriever Flash, acht Monate:
»Hurra, wir machen einen Kurs!«
Er ist nämlich ganz verrückt nach Kursen, seitdem er sich in einer Anfängerdressur nach den neuesten Erkenntnissen weitergebildet hat. Wenn er jetzt nicht gehorcht, dann nur nach den neuesten Erkenntnissen.
»Ich rufe jetzt die *Hundehochschule* an und melde uns zu einem *Miteinander-Umgehen-Kurs* an«, meinte der Leonberger Marko schnell entschlossen, weil er von Natur aus ziemlich energisch ist.
Es war schwer, zur *Hundehochschule* durchzukommen, und noch schwieriger, einen Platz in dem beliebten Miteinander-Umgehen-Kurs *Hundert ge-*

... und jedesmal gibt es ein tumultähnliches Hallo, wenn wir wieder ganz unter uns sind.

wagte Verkehrsformen zu ergattern. So populär sind diese Kurse mittlerweile. Doch auch wir würden nun dienstags und freitags miteinander umgehen, im neuen Semester.

Der Kursleiter war ein gutaussehender Schäfertyp mit Namen Adonis, sieben Jahre alt. Erst sollten wir im Kreis stehen und uns beschnüffeln.

»Das Wichtige ist, daß ihr die Spannung an euch ranlaßt, die auch in alltäglichen Situationen steckt«, sagte Adonis und beschnüffelte mich.

Dann wurden wir in unterschiedliche Bewußtseinsgruppen eingeteilt. Eine Gruppe arbeitete mit Verdrängungsmechanismen, eine andere mit Lösungsprozessen. Meine Gruppe machte sich direkt an die unterschiedlichen Konfliktpotentiale im Alltag.

»Manche mögen sich, manche mögen sich nicht, und man muß lernen, daran zu arbeiten«, sagte Adonis und kam wieder angeschnüffelt.

Da wurde es mir zuviel, und ich erteilte ihm eine scharfe Zurechtweisung: »Hör mal, kannst du den Körperkontakt nicht etwas abbauen?«

Dann sollten wir lernen, daß »die Größe nichts bedeutet«.

Ein kleines, lustiges Kerlchen wie Meppa kann ohne weiteres mit dem ersten besten Kraftprotz klarkommen, zum Beispiel der deutschen Dogge Tarzan,

 fünf Jahre alt. Hauptsache, sie sind verantwortungsvoll, und es ist ein gegenseitiges Lautgeben und -nehmen.
»Es kommt darauf an, daß du eine neue Sicherheitsbasis für deine unterdrückten Wünsche schaffst . . . laß den Welpen in dir los!« verkündete Adonis mit einem lüsternen Seitenblick auf den Welpen in mir.
Ich fertigte ihn mit einem meiner stolzen zehnjährigen Lebenserfahrung angemessenen Knurren ab.
Aber von Mal zu Mal wurden wir wirklich sicherer in unserer grundlegenden Sicherheitsbasis. Da war es an der Zeit, mit den Auseinandersetzungen anzufangen.
»Wichtig ist, daß man sich traut, dieses oder jenes auseinanderzunehmen«, sagte Adonis, und wir fingen dann an, die nächstbeste Sache zu zerpflücken.
Typisch ist zum Beispiel die Auseinandersetzung mit der Mutterrolle.

Was hat die Größe schon zu sagen? Das Wichtigste ist ja doch, daß man immer gut miteinander auskommt!

Vertrauen ist gut, Schnüffelkontrolle ist besser.

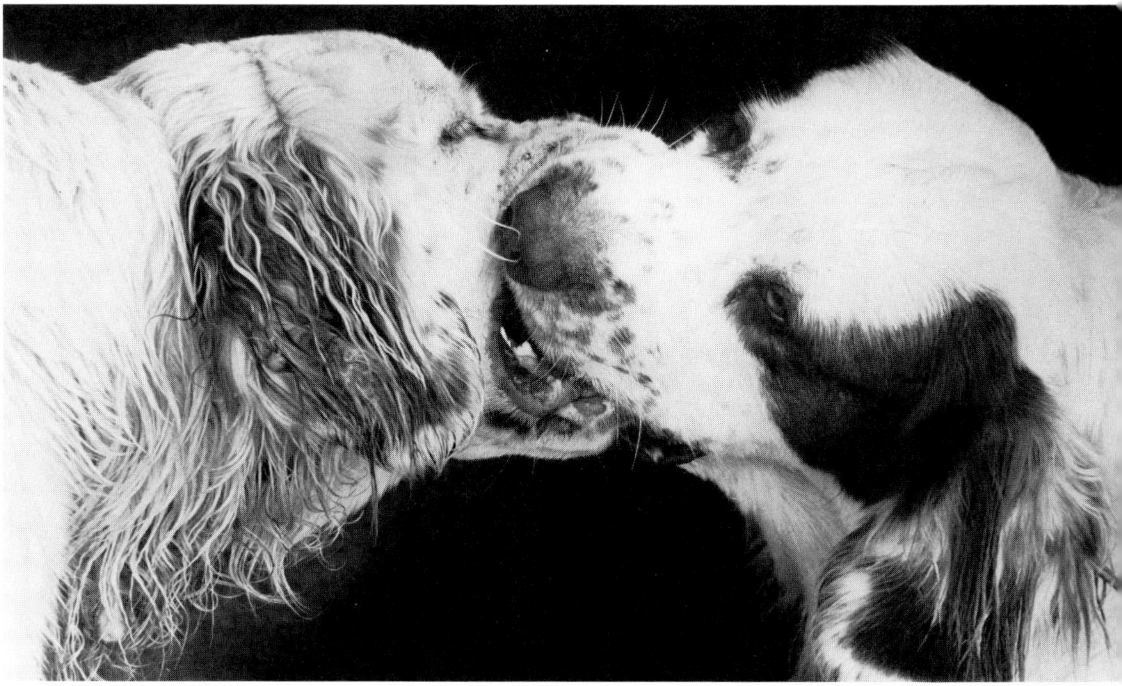

Ist es nicht süß, wie Meppa und ihr Bruder Ball spielen?

Manchmal werden Bekanntschaften schneller, als man denkt, bedrohlich.

Svea konnte von meinen Erfahrungen profitieren, als sie in dieselbe prekäre Lage kam.

 »Blöde alte Kuh!« – Das sagte die kleine giftige Elin, vier Jahre, manchmal zu ihrer zittrigen, alten Mutter Rufsa, zwölf Jahre. Praktisch meine ganze Kindheit über habe ich mich gefragt, woher das kam?
»Wenn junge Hunde ihre Eltern beschimpfen, hat es entweder was mit Mutterfixierung oder mit Vaterverdrängung zu tun«, erklärte Adonis.
Eine einfachere Erklärung, etwa daß der Sprößling bloß böse und ungezogen ist, hielt er nicht für ausreichend. Aber wir sahen Elin als einen *Pilotfall,* eine typische *»Blöde-Kuh«*-Auseinandersetzung, der man sich stellen mußte.
Die *»Laß-meinen-Ball-los«*-Auseinandersetzung ist mühseliger, als man erwarten sollte.

Wer den Stock hat, ist völlig gleichgültig, solange man es selbst ist.

»Da geratet ihr leicht in eine Konfliktsituation, bei der der eine vermutlich versucht, dem anderen den Ball wegzunehmen«, erklärte Adonis der nachdenklichen Meppa und ihrem tolpatschigen kleinen Bruder Nute, vier Jahre.

Aber er schloß prinzipiell nicht die Möglichkeit aus, daß Überreste eines ursprünglichen Spieltriebs auch in den festgefahrenen Spielen der Erwachsenen vorhanden sind.

Zum Glück fing Adonis jetzt an, sich statt an mich an die Pudeldame Bessy, sieben Jahre, ranzumachen, die blöde Tussi. Ich konnte wieder in meine unbelastete Frauenrolle zurückfallen.

Im großen und ganzen war es ein erfolgreicher Kurs, den wir mit *»Fühl-dich-befreit«*-Übungen in der Gruppe abschließen durften. Danach werteten wir aus.

»Jetzt bin ich befreit und kann meine Sucht nach Hundekuchen viel besser kontrollieren«, gab der Pointer Uggly, fünf Jahre, als Feedback.

»Meine einsame Wanderung durch das Labyrinth des Eros ist endlich zu Ende«, murmelte der Basset Butler, elf Jahre; aber es war ihm anzumerken, daß er das im Fernsehen gehört hatte.

»Vielleicht bin ich jetzt heiratsfähig, äh, bindungsfähig geworden«, kicherte Svea und bespuckte Flash mit Stocksplittern.

Der Terrier Pix sagte nichts. Barfuß lief er eine Weile über die taunasse Wiese und sah frei aus. »Juhu«, rief er dann und bestieg in aller Ruhe Meppa, die sich mädchenhaft hinsetzte. Der Wind fuhr verspielt in ihr struppiges Zottelfell. »Nicht, daß man direkt einen Unterschied merkt, aber irgendwie ist es schon toll, so befreit zu sein«, schnaufte Pix.

»Wer schüttelt jetzt mein Fell?«

Das war eine wichtige Frage, auf die ich damals, als ich das erste Mal allein am Badestrand herumlief, gerne eine Antwort gehabt hätte. Von zu Hause war man es ja gewöhnt, daß Lisa, meine Mutter, sich um fast alles kümmerte. Wir Kleinen fanden es am besten so. Wir waren dadurch befreit von allem, was keinen richtigen Spaß machte. Und nun stand man auf einmal klatschnaß da, in der Welt auf sich selbst gestellt. Es tropfte so, und es war ein lästiges Gefühl auf der Haut.
»Was nun?« fragte ich bekümmert Meppa und den Hirtenhund Nicke.
»Mach es so wie ich!« sagte Nicke und schüttelte sich.
Das tat ich auch, ich schüttelte mein Fell, genau wie Nicke.
So ungefähr ist das Leben. Daher wußte ich genau, was ich sagen sollte, als Svea sich in ziemlich verzogenem und quengeligem Tonfall darüber beschwerte, daß das Wasser naß ist und so merkwürdig fließt. Außerdem spritzte sie dem griesgrämigen Basset Butler die langen Ohren naß, obwohl seine seriöse Veranlagung jede Form von Unfug und Spielen mit Wasser verbietet.
»Svea, würdest du jetzt wohl so gut sein und dich abtropfen!« brummelte er streng.
Daraufhin schüttelte sich Svea, obwohl ihr eigentlich die fachliche Kompetenz fehlte.
»Gewisse Dinge kann man auf einmal ganz von allein, wenn man nur will«, ermahnte ich sie und achtete darauf, daß sie das letzte Wippen mit der Schwanzspitze nicht vergaß.
Ich meine: Man muß nur den Willen haben, nützliche Dinge zu lernen. Nützliche Dinge sind meistens einfach, aber ein bißchen langweilig zu lernen. Man sollte bloß die Augen aufhalten und darauf achtgeben, wie die anderen es machen. Eben deswegen ist es so gut, daß »die anderen« da sind. Sie machen Dinge, die man selbst noch nicht so richtig beherrscht, und man lernt, indem man es bei ihnen abguckt. Aber man soll auch den anderen nicht immer alles nachmachen! Das ist ein Unterschied, den man erst mit der Zeit herauskriegt.
Der Dackel Strull ist einer, der das Wasser mag und auch wieder nicht mag. Er schwamm eines Tages fröhlich vor sich hin, mit kleinen, lustigen Bläschen im Bart, als ihm plötzlich etwas einfiel.
»Hilfe!« rief er. »Ich kann nicht schwimmen oder umgekehrt: Wenn ich es mir recht überlege, glaube ich, daß ich das Wasser satt habe.«
Dieser Gedanke kam ihm gerade, als er ganz in der Nähe eines kleinen Felsens schwamm, der einladend aus dem Wasser ragte. Strull kletterte auf den Stein. Die erhöhte Position kam

»Manchmal suche ich die Einsamkeit, um zu meditieren«, sagt der Dackel Strull.

 ihm erholsam, wenn auch ein bißchen exponiert vor.

Der kleine, flinke Terrier Dennis, der Wasser eigentlich nicht mag, sich aber trotzdem reinstürzt, weil er das Bedürfnis verspürt, überall eine Nasenlänge voraus zu sein, schwamm spöttisch an Strull auf seinem Stein vorüber.

»Man soll immer abhauen, bevor man nasse Pfoten kriegt«, rief der kleine Dennis im Vorbeiflitzen.

»Hör mal, hier auf dem Stein gefällt's mir!« antwortete Strull gelassen. »Ich habe jetzt endlich meinen Platz im Leben gefunden. Hier ist es genau richtig.«

Das ist auch etwas, was du nur allein entscheiden kannst: wann es *genau richtig* ist. Und wie groß das Risiko ist, nasse Pfoten zu kriegen? – Alle müssen lernen, damit zu leben!

Wie viele sind *alle?*

»Sind das wir alle hier am Strand oder alle im ganzen Auslauf? – Das wären doch mindestens zehn Milliarden siebenhundert?!« verkündete Svea mit der Fähigkeit Jugendlicher, interessante Fragestellungen zu pointieren.

Nicht einmal ich weiß, wie viele wir sind. Ich weiß bloß, daß wir verschieden sind. Hinter der Tatsache, daß ein Pekinese sich deutlich von einer deutschen Dogge unterscheidet, obwohl

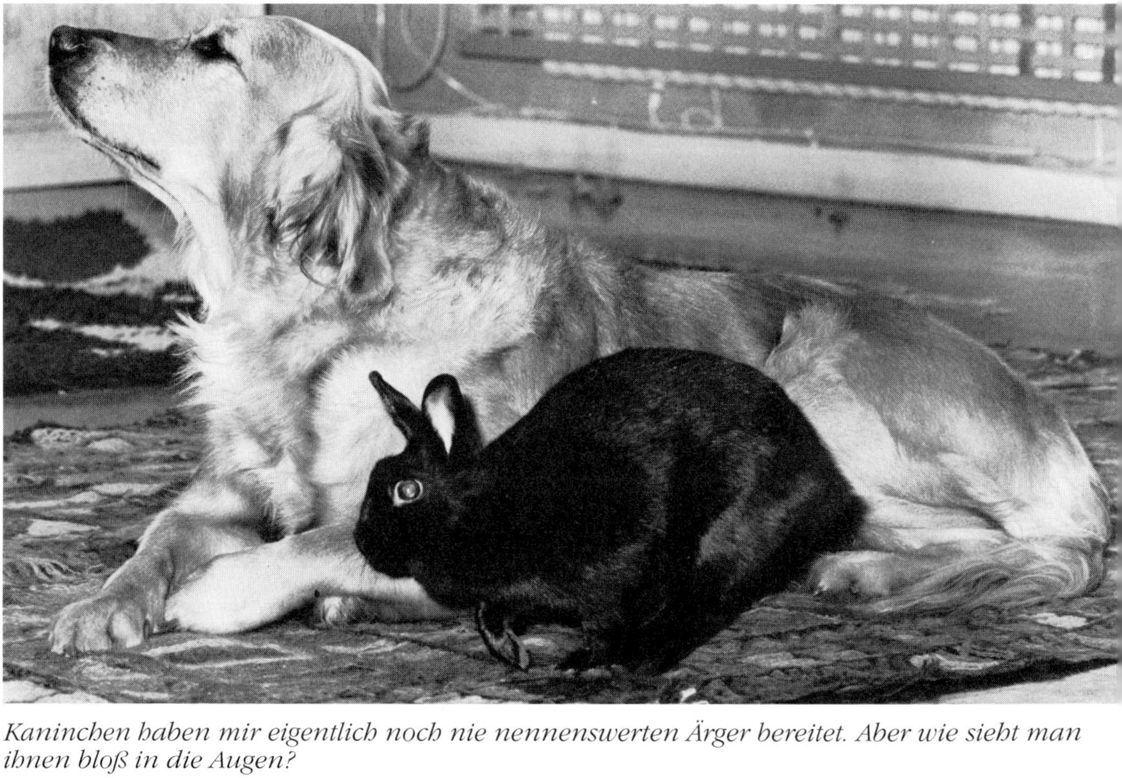

Kaninchen haben mir eigentlich noch nie nennenswerten Ärger bereitet. Aber wie sieht man ihnen bloß in die Augen?

Der älteste Freund des Menschen, das Pferd, gibt gern mit seiner Größe an. Wenn man etwas kleiner ist, hält man lieber Abstand zu ihm.

beides Hunde sind, steckt vermutlich eine gemeinsame Idee. Wenn einer den Unterschied zwischen dem Labrador Svea und dem Basset Butler nicht erkennt, muß er schon blind sein. Daß eine Katze andere Eigenschaften als ein Pferd hat, kann man als gegeben hinnehmen – hinzu kommt, daß jeder Pekinese, Labrador, Basset, jede Dogge, Katze und jedes Pferd eigene, persönliche Charakterzüge hat. Gerade darum ist es so spannend und abwechslungsreich im Auslauf. Seht euch nur um!

Ich persönlich habe ziemlich schnell gelernt, ein Pferd von einem Kaninchen zu unterscheiden. Es liegt nicht nur an der Größe, sondern auch am Verhalten. Ich bin dankbar, daß Kaninchen sich nicht wie Pferde benehmen und umgekehrt.

Der Mensch neigt eher zu bequemen Verallgemeinerungen. Die Leute aus Småland sind starrköpfig. Die aus Göteborg verstehen Spaß, außer bei Stockholmern. Alle aus Nordschweden sind wortkarg sowie arbeitsam. Deshalb ist es bei den Menschen in ihrer Ecke vom Auslauf kleinkariert und langweilig. Aber seit ich weiß, daß mein überdurchschnittlich gesprächiges Herrchen aus Nordschweden ist, kann ich nicht genug über das Gerücht staunen, Arbeitseifer und

Schweigsamkeit seien die hervorstechendsten Merkmale der Menschen von dort oben. Mein schweigsames Frauchen stammt aus den Reihen der angeblich pausenlos quasselnden Stockholmer.
Es stimmt schon, daß eigentlich nichts stimmt!

Manchmal gehen Frauchen und ich in den Wald oder runter an den kleinen See. Ich blicke sinnend über die dunklen Wasserwirbel und fühle die Nähe zur Natur.
Ich glaube, es ist gut für den Menschen, uns Haustiere zu haben. Unsere Instinkte sind vorläufig noch nicht so abgestumpft. Wir führen den Menschen zu all dem Geheimnisvollen *drüben.* Wir lehren ihn, die Witterung von Sumpfblüten aufzunehmen, wir führen ihn in den tiefen Wald, durch uns erlebt er das berauschende Glück, wenn ein Schwarm Birkhühner auffliegt und die ganze Welt sich vor einem auftut . . .
Da biegt sich Frauchens Angel; die Schnur zittert, silbern blitzt es aus rätselhaften Tiefen, ich beschnüffle kurz den zappelnden Fisch.
Der Natur kehrt man nicht einfach s den Rücken.

Wir Hunde kommen auch ohne den Menschen zurecht. Das verschafft uns ein herrliches Unabhängigkeitsgefühl – bis wir Hunger kriegen.

Wir sind alle Teil der Natur, auch wenn einige ungewöhnlich kalt und glitschig wirken.

Gefährten seit 12 000 Jahren

Seit Tausenden von Jahren drücken wir den Menschen an unsere offenherzige Brust und bewachen treu seine Hütte. Aber wir sind ja nicht die ersten. Das Pferd war eher da. Es hat einen spürbaren Vorsprung. Das Pferd hat dem Menschen einmal geholfen zu überleben; daher nimmt es den Ehrenplatz ein. Wir haben dem Menschen auch geholfen; wir stöbern, tragen, ziehen, führen, bewachen, beschützen – aber wir helfen ihm nicht zu überleben. Sondern umgekehrt.

Was sieht dann der Mensch eigentlich in uns? Früher waren wir seine Sensoren für die gefährliche Natur. Wir eröffneten ihm die Natur, verschafften ihm Einblicke, schärften seine Instinkte – vielleicht übermittelten wir dem Menschen auch die Witterung von Flucht, von Freiheit? Dann wurden wir »Haushunde«. Das Phänomen »Haushund« gehört zu einer Herrscherklasse vergangener Zeiten. Damals, als ein Reicher sich die Fingernägel lang wachsen ließ, um zu zeigen, daß seine Hände nicht mit körperlicher Arbeit in Berührung kamen. Aus vergleichbaren Gründen schaffte er sich Haustiere an; je unnützer das Tier, desto reicher der noble Herr. Der Mensch lernte, am Nutzlosen Gefallen zu finden. Wir wurden in putzige Dinger verwandelt, zum Gestreicheltwerden, zum Herzeigen. Und nun wird es als unsere einzige Pflicht und Schuldigkeit erachtet, uns langsam vermenschlichen zu lassen. Uns wird das Recht streitig gemacht, Tier zu sein.

Ich kannte einmal einen netten alten Pointer, der avancierte vom Jagdhund zum »Familienmitglied«, durfte mit den anderen am Eßtisch sitzen und hatte ein eigenes Lätzchen. Und da saß er nun Jahr für Jahr, setzte immer mehr Fett an und ließ seine Instinkte nach und nach verkümmern.

»Ruff ist genau wie ein Mensch!« jubelte sein Herrchen.

»Man kann ihm einfach alles beibringen. Ruff ist klüger als viele Menschen, die ich kenne.« Und Herrchen platzte fast vor Stolz.

Jahrelang ging es gut, bis zu jenem schicksalhaften Sonntagsessen mit Kalbsbraten und Gurkensalat, bei dem plötzlich ein Mäuschen im Eßzimmer auftauchte. Mit Ruff geschah eine seltsame Verwandlung. Mit Karacho stürzte er sich lärmend aus seinem Stuhl, schoß mit wehendem Lätzchen unter den Tisch, schmiß den Futternapf runter und richtete ein entsetzliches Chaos an. Herrchen brüllte, und Frauchen kreischte. Direkt vor ihren entsetzten Augen faßte der Pointer das Mäuschen, zum Nachtisch.

Sie dachten daran, das Tier einschläfern zu lassen . . . den *Pointer*! Ruff hatte ja den Verstand verloren, war vollkommen übergeschnappt und hatte sich in einen mörderischen

Jagdhund verwandelt. Aber sie ließen ihn doch am Leben – obwohl er sich »wie ein Tier benommen« hatte.

Das ist eine der wenigen mir bekannten Geschichten über Hunde, die richtig normal ist. Sonst handeln alle richtigen Hundegeschichten von der nahezu unfaßbaren Klugheit und den menschlichen Eigenschaften von Hunden.

Es scheint keine einzige lustige Geschichte über einen dämlichen Hund zu geben! Das muß daran liegen, daß der Mensch in seiner Güte die Eigenschaften auf uns übertragen möchte, die er selbst zu besitzen meint. Daher glaube ich, wir laufen Gefahr, systematisch »vermenschlicht« zu werden; uns soll unser unveräußerliches Recht genommen werden, Hund zu sein.

Hin und wieder lassen wir uns gerne streicheln. Häufig wird die Frage aufgeworfen: *Wann und wie oft sollen Hunde gestreichelt werden?* Ich finde, das ist von Hund zu Hund und von Mensch zu Mensch verschieden.

Ein vernünftiger Ausgangspunkt für sinnvolles Hundestreicheln ist es, wenn der Streichelnde Hunde auch wirklich mag. Man spürt es im allgemeinen; wenn man sich verstellt, kommt es nämlich zu einer Art mechanischem Gegen-den-Strich-Streicheln. Außer einem grundsätzlich hilf-

Daß wir an Pfoten und Gemüt so verschieden sind, macht nichts: Gegensätze ziehen sich bekanntlich meistens an.

Wir waren immer in ihrer Nähe, um zu trösten, zu helfen,...

losen Tätscheln treten kalte Augen und ein einschmeichelndes Grinsen ein: »Gut so, sodele . . . braves Hundchen!«
Die Fachpresse erteilt gerne Anweisungen, wie man richtig streichelt. Dort heißt es, Streicheln habe »als ermunternde Belohnung für eine erbrachte Leistung« zu erfolgen. Also nicht einfach nur aus gegenseitiger Zuneigung oder einem spontanen Streichelimpuls heraus. Nein, professionelles, fachgerechtes Streicheln ist erst dann angesagt, *». . . wenn der Hund der Stimme seines Führers gehorcht hat und schwanzwedelnd auf ihn zueilt«.*

Dies ist nichts anderes als ein Neuaufguß klassischer Herrenmenschenallüren in einem bekannten Hundebuch, das aufzufressen ich mich gestern leider gezwungen sah.
Die Haustierhaltung ist zu einer Massenbewegung geworden. Die meisten Menschen betreiben Tierliebe in irgendeiner Form; sie wird als Beweis für ein sanftes Gemüt und allgemeine Verläßlichkeit gehalten.
Hier liegt unsere große Aufgabe. Die hatten wir von Anfang an, und das Bedürfnis nach uns scheint sich nicht verringert zu haben. Wir wissen den Weg zu dem Zustand, den der Mensch gerne Freiheit nennt.

. . . und haben immer vor ihren Hütten gelegen.

Warum
sind wir alle
hinter demselben
Stock her?

Und dann, eines Tages, ist Svea kein kleiner, neugieriger Welpe mehr. Sondern ein neugieriger junger Hund. Sie rennt durch die Gegend, die Nase dicht am Boden, den Schwanz hoch erhoben. Ihre Augen haben einen neuen Glanz; es funkeln jetzt warme Bernsteinlichter darin, aber sie senden auch noch die gewohnten Signale aus: Unfug und Flausen . . .
Meine graue Nase ist inzwischen wohl noch weißer geworden; ich bin nicht mehr so lebhaft, so neugierig und unternehmungslustig. Ich begnüge mich oft mit Sveas Berichten von den Ereignissen im großen Auslauf. In der vornehmen Zurückgezogenheit meiner Sofaecke höre ich mir ihre übersprudelnden Erzählungen an, sortiere den Inhalt und mache ihr Sinn und Zusammenhang begreiflich.
Was ich nun zuletzt erzählen werde, erfordert sittliche Reife und in der Tat stärkere Nerven, um mit seinen reißerischen Details zu einem überschaubaren, gesammelten Ganzen werden zu können. Es geht um etwas so Einfaches und Alltägliches wie Stöcke!
»Stöcke schmecken nach Holz«, sagt Svea sofort und verrät damit, daß trotz ihrer zweiunddreißig Kilo noch das Kind in ihr steckt.
»Stöcke schmecken nach dem Leben an sich«, behaupte ich dagegen; und ich bin der Ansicht, daß ich das aus meiner Erfahrung sagen kann. Ich habe nämlich zufällig 14 600 Stöcke probiert.

Kleine Raufereien um den »richtigen« Stock gehören einfach mit dazu.

Lieblingsstock würde ich den nicht nennen, eher einen qualitativ einigermaßen zufriedenstellenden Normalstock.

Gute Stöcke wachsen nicht auf Bäumen

Ich habe spaßeshalber ein kleines Rechenexempel angestellt. In meinen zehn Wirkungsjahren habe ich an 3650 Arbeitstagen Stöcke gejagt. Wenn man gewisse lustlose Tage abzieht, an denen ich die geruhsame Rückenlage auf Frauchens und Herrchens bestem Sofa vorgezogen habe, dafür aber jedem aktiven Tag einen Mittelwert von vier Stöcken zurechnet, ergibt sich die Summe von 14 600 Stöcken, die durch mein Maul gewandert sind.
Dies soll nun nicht als ein Leistungsideal dastehen, dem jeder Hund nachzueifern hätte. Ich möchte damit lediglich auf das Fanatische der Stockjagd hinweisen und auf ihre zentrale Bedeutung im Leben jedes Hundes.
Und doch ist es so, als wären wir allesamt hinter ein und demselben Stock her . . . es ist ein Gefühl, ein Instinkt.
Ich möchte nun nicht behaupten, daß an Stöcken so etwas Besonderes ist. Sie haben vielmehr etwas Unansehnliches, ja Banales. Stöcke liegen heutzutage so gut wie überall herum. Oft haben sie ein ziemlich ungehobeltes Aussehen und einen geradezu ruppigen Charakter. Sie sind eigentlich leicht zu finden.
Ich mache es so, daß ich eine Weile mit der Nase am Boden herumstrolche, bis ich den ersten besten Stock aufstöbere. Aber das ist selten aufregend; Stöcke bieten einem an und für sich nicht die kribbelnde Verlockung des Unerwarteten. So einen Stock betrachte ich seelenruhig als eine äußerst normale Naturerscheinung, und es erfolgt eine reifliche Einschätzung von Qualität und Nutzen durch routinemäßiges Schnüffeln. Stimmt das Aroma, so schnappe ich mir den Stock.
Nun erst entsteht eine allerdings nicht uninteressante Situation, die verschiedene Alternativen bietet: Zum Beispiel kann man den Stock kleinkauen und verspeisen. Oder man kann ihn etwa in ein Splitterhäuflein verwandeln, etwas Typisches für junge Hunde mit ihrer undisziplinierten Kaufreude. Ich entscheide mich gern für die Alternative, den Stock eine Weile mit mir herumzutragen; wie lange, ist eine Zeitfrage, die von Stock zu Stock anders gehandhabt wird. Es dauert nämlich nicht lange, bis ich unversehens einen anderen Stock finde. Einen Stock mit frischerem Geschmack, einen Stock, der besser im Maul liegt, der mir ein abwechslungsreicheres Beißerlebnis schenkt. Dann trage ich diesen Stock eine Weile mit mir herum – bis ich mit der Nase auf den nächsten Stock stoße, dann den nächsten und wieder den nächsten, wonach ich den wahren Stock finde, bis ich auf einmal *den* Stock sehe . . .!

Auf diese Weise vergeht das Leben wie im Flug, Stock für Stock.
Es wäre aber, schlicht gesagt, entsetzlich, wenn das ganze Leben nur aus einer Menge Stöcke bestünde! Ein Leben soll auch aus einer Menge Gefühle bestehen.
Die größte Verlockung ist für mich nicht der Stock als solcher, sondern vielmehr, *daß immer einer ihn haben will, jemand, der versucht, mir meinen Stock abzuluchsen!*
Dadurch kommt erst Leben in die Stöcke. Und selbst die morschesten Stöcke verwandeln sich so in Sinnbilder für alles, hinter dem du und ich zugleich her sind.
Jetzt fragst du dich vielleicht: Kann man mit Symbolen im Maul rumlaufen? Natürlich kann man das! Symbole schmecken nämlich sogar nach Stökken, wenn du das mal richtig nachprüfst. *»Stöcke sind Verästelungen der Wirklichkeit«;* so drücke ich es immer aus, wenn ein ansehnlicher Vergleich gefragt ist.
Die Menschen lachen über Svea, wenn sie hinter ihren Stöcken herjagt. Wir sind in ihren Augen so kindisch. Andauernd schnüffeln wir nach unseren vielen Stöckchen. Wir jagen Stöcke. Wir kämpfen um Stöcke. Wir sind total auf das Glück fixiert, einen Stock zu finden.

Das hier ist der alberne Afghane Sigge…

…der sich nicht mit seinen eigenen Stöcken begnügt…

…sondern sich dauernd an fremde ranmacht.

Die immer noch etwas gutgläubige Svea entdeckt seine Absichten nicht. Sie wundert sich aber, warum er so wild herumhopst.

Der Kampf um Stöcke dauert ein Leben lang, wird aber von Fall zu Fall in Sekundenschnelle entschieden.

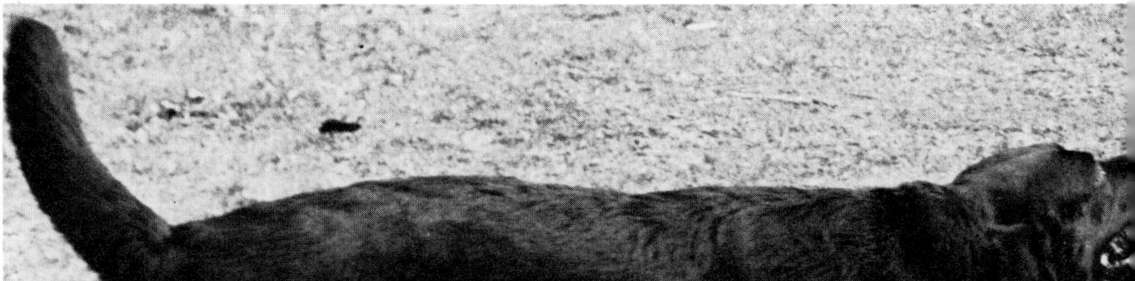

Die größere Autorität gibt den Ausschlag, nicht das größere Maul.

Die Menschen sagen, mein Gott, ein Stock ist doch nichts weiter als ein Stock . . . die ganze Welt ist voll von Stöcken!
Darauf antworte ich: Sagt nicht Stökke dazu. Nennt es Macht, Reichtum, Schönheit, Glück oder sonst etwas von dem, was für alle Menschen das Wichtigste im Leben ist. Verwandelt das in Stöcke. Und werft sie nun der Reihe nach weg . . . na los!
Ich wage zu behaupten, daß es nicht gerade Sanftmut und selbstgenügsame Verspieltheit sind, die des Menschen Jagd nach diesen Stöcken auszeichnen.
»Apport, Mensch!« Und schon rast er los, mit zuckenden Lefzen und gebleckten Beißern. Es kracht und splittert, wenn er es schafft, die Zähne in seinen Stock zu schlagen.
Unsere haben einen reineren Holzgeschmack, glaube ich.
Eines Tages, als ich mir einen Stock nach dem Fressen gönnte, kam Svea wie ein schwarzer Blitz angesaust. Ich

konnte schon von weitem erkennen, in welche Richtung sie wollte. Sie wollte schlicht und einfach meinen Stock, und sie biß sich gehörig darin fest.

Ich glaube, diese Situation kennen die meisten Älteren: Man erwartet von uns, daß wir sofort loslassen, sowie die Jüngeren ankommen und an unseren Stöcken zerren! – Sei es auf dem Arbeitsmarkt oder mit einem morschen Stock im Maul.

Svea und ich ruckelten wohl so auf der Wiese jeder an seinem Stockende herum, bis ich fand, nun sei es genug. Ich sah sie voller Entrüstung an, habe eventuell auch ein Ideechen geknurrt, wegen des pädagogischen Zeigefingers. Da ließ Svea sofort den Stock los und trottete jämmerlich winselnd davon.

»Kopf hoch, Svea ... das Leben ist voller Stöcke!« rief ich ihr hinterher. *»Verlierst du einen, bleiben dir noch Tausende«,* wie sie immer im Radio-Unterhaltungsprogramm singen, wenn nicht gerade Nachrichten auf serbokroatisch kommen. Aus den Augenwinkeln sah ich nämlich, daß sich das bald bewahrheiten sollte.

Die schnittige Mischlingshündin Zuri (aus Labrador und Rhodesischem Ridgeback) rannte über die Wiese. Und was glaubt ihr wohl, was sie im Maul hatte? Einen neuen Stock natürlich!

Wenn ich Svea und Zuri in ihrem wirbelnden Spiel über die Wiese preschen sehe, setze ich mich eine Weile hin und mache mir meine Gedanken über die Sache mit dem Alt- und Jungsein. Eigentlich haben wir das ja schon erklärt, aber die Frage taucht doch immer wieder auf, in neuer Gestalt und bei Ereignissen, die einem wahrhaftig zu denken geben. Ich denke jetzt nämlich daran, daß in der Gegend, wo ich wohne, ein großes Haus nur für alte Menschen steht; es wird »Seniorenzentrum« genannt. Außerdem gibt es ein großes Haus nur für ganz junge Menschen, das heißt »Kindertagesstätte«. In dem Stadtteil wohnen viele junge Familien mit Kindern, die in Hauseingängen kleine Zettel anheften:

»Kindermädchen gesucht! ... Wer kann sich ein paar Stunden am Tag um Stina, zwei Jahre, kümmern? ... In welcher Kindergruppe ist Platz für Olle, vier Jahre? ...« und so weiter. Das steht auf den Zetteln, weil immer zuwenig Plätze im Kindergarten frei sind.

Da kam eine pfiffige junge Mutter auf folgende Idee:

»Die Senioren! Wie wär's, wenn wir die bitten, uns mit den Kindern zu helfen? Denn wer kann schon besser mit den Kleinen umgehen als Leute, die Lebensweisheit haben und wissen, worauf es ankommt!«

Die Idee fanden alle richtig prima. Gesagt, getan. Es wurde vorgelesen, es wurden Ausflüge gemacht, und alle im Viertel gingen querbeet miteinander um.

Die Kinder waren genau wie richtig gute Stöcke – sie wurden der Vorwand dafür, daß man sich traf und zusammensaß.

Die Rentner fanden es angenehm rauszukommen und Bewegung zu haben. Und ein zusätzliches Taschengeld war ja auch nicht zu verachten!

Man kann sagen, es war ein Spiel mit Stöckchen auf die gute, alte Art: Alle durften dabeisein, nach Lust und Laune.

Da wurde im Auslauf ein fernes Grollen laut. Es trat ein Beamter mit verkniffenem Mund und brauner Aktenmappe auf, in welcher er sogenannte *Bestimmungen* mit sich trug, wie er behauptete.

»Hier in den Bestimmungen steht, daß alten Menschen die formelle Kompetenz fehlt, die Betreuung Min-

Die Promenadenmischung Zuri, vom Scherzkeks Butler nur »der Straßenkreuzer« genannt, hat eben einen Stock gefunden.

 derjähriger zu administrieren«, sagte der Verkniffene.

Ausschließlich »autorisierte Freizeitleiter« haben eine »formelle Kompetenz«. Die einzige Kompetenz alter Leute ist, alt zu sein.

»Hurra, dann können wir nur Alten oder Jungen zusammen einen autorisierten Freizeitleiter mit ›formeller Kompetenz‹ kriegen«, riefen wir alle wie aus einem Mund.

»Leider nein . . . In Ihrem Sozialblock fehlen die Planstellen für autorisiertes Betreuungspersonal«, sagte der Verkniffene.

Woraufhin er die ergonomisch geprüften Spiel- und Klettergeräte sowie das für die Seniorenbetreuung aufgestellte Aktivitätsprogramm mit obligatorischem Kaffee und Kuchen und kommunalem Ziehharmonikaspieler zu inspizieren wünschte.

Sie hatten nichts dergleichen; sie hatten nur einander.

Jedoch es wurde jegliche Form nichtautorisierten Kontakts der Betreuungsklientel untereinander (alt und jung) im gesamten Sozialblock untersagt.

Der Beamte hielt sich schließlich nur an seine Bestimmungen. Er nahm den Menschen aber nicht nur ihre Stöcke weg, sondern damit auch ihren Spaß.

Wenn Stöcke winken, läßt Svea sich nicht lange bitten; sie ist da auch gar nicht wählerisch.

Es heißt zwar, geteilte Freude sei doppelte Freude, wir aber fassen es eher so auf, daß dieser Stock halbiert wird.

Ein Zweig der Wirklichkeit

In all seiner ruppigen Anspruchslosigkeit mußte der Stock schon lange auf unserer Wiese gelegen haben. Keiner weiß, wie lange; aber die Rinde löste sich bereits, die Säfte im Holz waren eingetrocknet, und schimmelige Flecken zeugten von nahendem Verfall. Mit anderen Worten, es war kein besonderer Stock. Sicherlich gab es wesentlich bessere Stöcke. Aber ich sah ihn zuerst.
Doch gerade, wie ich mir auf meine gewandte, oder sagen wir besser: dezente, Art den Stock schnappe, geschieht etwas höchst Ärgerliches. Meine mollige Freundin Meppa entdeckt zufällig auch einen Stock. Zu meinem Verdruß ist obendrein auch noch der von ihr entdeckte Stock ausgerechnet der, den ich nun mal zuerst gesehen habe und auf den ich also das Alleinrecht beanspruche.
Daher befinden wir uns hier auf der Wiese in einer Lage, die ich für mein Teil als äußerst unangenehm, ja beinahe peinlich empfinde.
Jede von uns hat den Stock fest im Biß. Das morsche Holz knirscht leise, Rindenfetzen fliegen, während wir unnachgiebig an den beiden Enden ziehen und ruckeln. Ich gehe nun nicht brüsk zu Wege. Ich gebe Meppa die Chance, auf großzügige Art von *meinem* Stock Abstand zu nehmen; aber leider scheint sie anderer Auffassung zu sein. Sie zerrt verärgert an dem, was sie offenbar als *ihren* Stock betrachtet, während sie zugleich eine beleidigte, anklagende Miene aufsetzt.

Es ist einer der ersten richtig schönen Tage im neu erwachten Frühling, die Luft ist klar und rein und müßte herrlich zu atmen sein. Aber mir liegt ein erstickender Klumpen in der Kehle. Ich merke deutlich, daß was in der Luft liegt. Ich spüre ein pochendes Gefühl in mir aufsteigen, das *Wut* genannt wird.
Meppa scheint von einer ähnlichen Atemnot befallen. Ihr Biß in meinen Stock verhärtet sich, ein dumpfes Röcheln kommt aus ihrer phlegmatischen Rundlichkeit, ihre Augen glänzen stählern, weißer Schaum sammelt sich in den Mundwinkeln, die sonst immer so nett hochgezogen sind. Jetzt hat ihre Gier nach meinem Stock sie zu einer Grimasse der Habsucht verzerrt. Meppas im Freundeskreis so geschätzte Gutmütigkeit ist wirklich nicht wiederzuerkennen – und alles nur wegen eines kleinen, dummen Stocks! Aufgrund dieser seltsamen Verwandlung ließ meine Wachsamkeit für die Sekunde nach, die sie brauchte, um mir meinen Stock zu entreißen.
Wenn Meppas Maul zuschnappt, hört es sich an wie der Kofferraum von einem Volvo. Und in diesem Kofferraum liegt jetzt mein Stock!

Bei jeder Stockjagd kommt der Augenblick der Wahrheit...

...in dem man hofft, daß der andere aufgibt!

 Hier könnte die Geschichte aufhören. Das tut sie aber nicht; man kann vielmehr behaupten, daß sie jetzt erst anfängt. Meppa gibt Fersengeld mit meinem Stock, und ich setze ihr nach. Das, so kann man sagen, ist eine einigermaßen klassische Situation, die alle wiedererkennen – nicht bloß Hunde! Wir alle jagen hinter etwas her, das jemand anderes hat. Manchmal ist die Jagd wichtiger als das, was wir jagen. Stöcke gibt es doch in rauhen Mengen. Die Behauptung, »Stöcke wachsen nicht auf Bäumen«, nenne ich eine übereilte Schlußfolgerung. Stökke sind so reichlich vorhanden, daß nach den einfachsten Verteilungsprinzipien für jeden von uns genug rausspringen würden. Und wir könnten dann auf unseren Wiesen stehen, jeder mit seinem Stock im Maul; die Güte würde aus unseren sonst so wachsamen Augen strahlen, und ein Friede, eine segensreiche Ruhe ließen nicht die mindeste Störung durch den Geifer der Gier aufkommen. Vielleicht könnte man dieses Modell »Stocknehmerfonds« nennen?

Aber so geht es leider nicht – weil immer gerade der Stock, den du als dein Eigentum betrachtest, von einem anderen mit Beschlag belegt wird! Hier könnte auch die Antwort auf die ewige Frage liegen: *Warum sind wir alle hinter demselben Stock her?* Aber ich bin zutiefst davon überzeugt, daß es nur ein Spiel ist. Ein Spiel ist etwas Freiwilliges. Zum Kämpfen wird man gezwungen. Die Menschen scheinen den Unterschied noch nicht richtig herauszuhaben.

Es heißt, das Spiel sei eine natürliche Übung für den Ernst des Lebens. Beobachtet man spielende Menschen, so ist deutlich zu erkennen, daß sie im Grunde genommen spielerische Kämpfe austragen. Sie stellen Vergleiche an, messen ihre Kräfte, suchen Blößen und Schwachstellen der anderen. Einer gewinnt. Ein anderer verliert.

Ich gehe immer aus dem Zimmer, wenn Herrchen beim Mikado gegen Frauchen verliert! »Mensch-ärgere-dich-nicht« hört sich an wie das Vorspiel zum dritten Weltkrieg. Das Spiel mit Stöcken beinhaltet für den Menschen allzu kampfbetonte Momente, die dem Ganzen einen aggressiven Charakter verleihen und den ursprünglichen Spieltrieb entstellen.

»Oh, teurer Stock, der du unsere Zungen aufrauhst, unserem Leben jedoch das herbsüße Aroma verleihst!« wie der Basset Butler immer dichtet, da seine langen Ohren und kurzen Beine jede aktivere Teilnahme an Stockjagden unterbinden.

Ich finde es sehr treffend ausgedrückt; dadurch entsteht ein gutes Bild von der freien Form und dem ideellen Gehalt der Jagd. Um in aller Ruhe diese elegante Formulierung zu genießen, überließ ich meinen Platz in der Jagdgesellschaft dem Hirtenhund Nikke, der mit wilden Blicken und wehendem Zottelfell Meppa und meinem Stock nachsetzte.

Aber ganz so edelmütig bin ich auch wieder nicht. In der Ferne blinkt nämlich der See. Mit meiner taktischen Klugheit treibe ich Stockjagden immer in Richtung Wasser, weiß ich doch, daß Konkurrenten wie beispielsweise der langhaarige Nicke in diesem Element das Opfer ihrer vollgesogenen Dickfelligkeit werden.

Ahnungslos stürzt Nicke sich in den See. In aller Seelenruhe nehme ich dem nassen Sack meinen Stock ab. Damit halte ich den Fall für erledigt. Meppa aber nicht. Deshalb geht diese Geschichte immer noch weiter.

Mittlerweile sieht es vielleicht so aus, als wäre böses Blut zwischen Meppa und mir aufgekommen; aber ich versichere dir, lieber Hundefreund, daß es die ganze Zeit bloß ein Spiel ist. Außerdem kühlt uns das Wasser die Köpfe. Aber wir kabbeln uns unverdrossen weiter. Wir haben anscheinend, wie es in Expertenkreisen heißt, einen »Stocktick«. Moderne Hundebücher distanzieren sich von Stöcken, da diese *»leicht zu besinnungsloser Rivalität führen können«*.

Momente von geradezu choreographischer Qualität: virtuose Sprünge und Pirouetten.

An Land ist Meppa schwerfällig und pummelig. Im Wasser wird sie beweglich…

Jetzt muß ich von einem erzählen, der wirklich einen Stocktick hatte. Er hatte eine Lodenjacke, einen Hut mit Gamsbart und das goldene Abzeichen des Jägerverbands sowie einen schokoladebraunen Labrador.

Sie erschienen an unserem Badeplatz. In barschem Tonfall sagte der Gamsbart unseren Herrchen und Frauchen Bescheid, sie möchten beiseite gehen, da er nun vorhabe, das, wie er sagte, »fortgeschrittene Apportiertraining« mit seinem Schokoladelabrador auszuführen.

»Apport!« röhrte er und begann, eine Menge Sachen in den See zu werfen. »Ich entwöhne den Hund jetzt von seiner Fixierung auf bestimmte Gegenstände«, erklärte er uns ahnungslos Herumstehenden.

Es war klar, daß dieser Labrador kein besonders tiefes Zusammengehörigkeitsgefühl zu all den Dingen entwikkelte, die sein Herrchen in den See schleuderte: Stöcke, Bierdosen, eine fiese alte Plastiktüte, ein Stück Fahrradschlauch, eine Apfelkitsche, eine zerknüllte Zigarettenschachtel, ein durchnäßtes Telefonbuch . . . Alles, was der Mensch in seiner kräfteverzehrenden Naturliebe nicht über sich bringt, in Papierkörbe und Müllcontainer zu werfen. Aber der Labrador hüpfte brav rein in den See und raus

aus dem See und holte den Schrott an Land.
»Jetzt wollen wir mal sehen, wie nützlich die angewandte fortgeschrittene Apportiertechnik ist, wenn der Hund richtig trainiert ist und aufs Wort gehorcht!« sagte der Gamsbart.
»Apport!« brüllte er und schleuderte seinen eleganten Spazierstock mit Silbergriff von sich.
Da sahen Meppa und ich ein und dasselbe – ein deutliches Aufblitzen in den Augen des Labradors; ein Aufblitzen der Einigkeit unter uns Hunden. Zunächst blieb der Labrador wie festgewachsen auf dem Sand sitzen. Dann legte er sich mit einem leisen Seufzer hin und begann, zerstreut seine Pfoten zu lecken. Er sah treu auf seinen Herrn, schien aber völlig taub und blind für den weit im Wasser trudelnden Stock zu sein.
»*Apport!* . . . Verdammter Mist, Apport!!« tobte der Gamsbart.
Der Labrador leckte ungerührt weiter und erhob sich schließlich, um einen nahestehenden Strauch ausführlich zu wässern.
Es war das Kräftemessen zweier fester Willen. Aber, wie der Gamsbart betont hatte: Der Labrador war »psychisch stabil«. Daher mußte dieses Herrchen fluchend seine jagdgrünen Hosenbeine hochkrempeln und seinem auf den Wellen schaukelnden Stock, der sogar einen echten Silbergriff hatte, nachwaten. Das letzte Stück mußte er schwimmen. Aber am Ufer stand sein dressierter Prachtlabrador und wedelte besonders aufmunternd mit dem Schwanz.
»Mit kleinen spielerischen Übungen gewöhnt man Herrchen ab, zur Unzeit Stöckchen zu werfen«, sagte er, wie es

. . . und leichter und macht mir daher Kummer wegen des Stocks.

 Meppa und auch mir vorkam, mit seinen gelben Augen.

Aber er sagte es nicht wirklich. Außerdem hieße das, zuviel in diese lange Geschichte hineinzulegen.

Jede Geschichte über jeden Stock nimmt das gleiche Ende. Ungefähr so: Jemand schafft es endlich, den Stock zu ergattern; das ist nämlich letztendlich der zentrale Gedanke jeder Stockjagd. Und dieser Jemand, das bin hier zufällig ich! Jetzt genieße ich die Stockrinde und den süßen Geschmack des Siegs. Aber es könnte noch etwas Schreckliches geschehen:

»Tja, dann halte du doch mal eben den Stock, während ich mich ausruhe«, könnte Meppa sagen, wenn sie gemein wäre.

Das ist das Schlimmste, was man während einer Stockjagd sagen kann. Es kommt einem so vor wie Herrchen damals, als er sich was darauf einbildete, eine Stelle gekriegt zu haben – bis er hörte, daß er der einzige Bewerber war!

Darum sagt Meppa jetzt nichts. Sie baut mich mit ihrem melancholisch zehrenden Unterlegenheitsblick auf. Nichts kommt der Müdigkeit nach einer Jagd gleich; scharfe Kanten schleifen sich ab, hart umgrenzte Konturen zerfließen, Farben und Gerüche kehren wieder und vermischen sich sanft. Das ist der Moment, in dem das Leben nach Stock schmeckt.

Auf einmal habe ich etwas Hölzernes im Maul: den Stock! Meppa sammelt neue Kräfte…

Ein Karrierepudel

Wir hatten den Stock alle beide so langsam über, als wir plötzlich etwas entdeckten. Genau gesagt: einen Pudel. Mit sonnenklaren Absichten und federndem Gang kommt er ans Ufer, wirft sich in eine entspannte, amüsierte Positur und sagt mit selbstzufriedenem Grinsen:

»Hallo, ihr kleinen Wildfange! . . . Jetzt hört ihr mal hübsch auf mit dem Rumspritzen und gebt mir den Stock rüber, ja?«

Leider ist es mir an dieser Stelle nicht vergönnt wiederzugeben, wie sich hochnäsige Pudel mit einer eher groben Lache anhören. Aber soviel kann ich verraten: Man wird ziemlich sauer, ja, man regt sich fast ein bißchen auf.

»Seit wann liefern Mädchen sich denn Schlachten um Stöcke? . . . Mädchen sollen doch nur lieb und nett sein!« lacht der Pudel selbstgefällig und weicht Wasserspritzern aus.

Ich spüre, wie mein Fell sich sträubt. Und sehe, wie Meppas Lefzen zu zukken beginnen, während sie sozusagen ihre Beißer entsichert. Gerade als ich dem Pudel eine scharfe Zurechtweisung erteilen will, fällt mir Konrad ein.

Konrad war auch ein Pudel, aber nicht nur. Er war irgendwie feiner als die anderen. Er trug den Schwanz auffällig hoch; dauernd kriegten wir zu hören, wie tüchtig er war, wieviel Lob und Ehre er überall einheimste und, nicht zuletzt, daß er in einem handgeflochtenen Korb auf einer Decke mit Schottenkaro schlief.

Konrad sagte immer, sein Herrchen würde »hohe Tiere« kennen, und sein Frauchen hätte einen Pelzmantel aus Paris.

Konrad fand, er sei anders als andere Hunde und strebe nach Höherem. Er gehöre zur Elite und werde »Karriere machen«, wie er sich ausdrückte. Das war anscheinend etwas noch Feineres, als im handgeflochtenen Korb auf einer Schottenkarodecke sein Nickerchen zu machen. Vielleicht verstanden wir Konrad nur nicht recht. Jedenfalls befand unsere ganze Clique, Konrad sei ein ziemlich mieser Typ. Ich fand, er wirkte so einsam.

Konrad wies immer darauf hin, wie wichtig es sei, »die Nase vorn« zu haben.

»Ich verkehre vorzugsweise mit der Crème de la crème im Auslauf, mit der Elite. Begabung verpflichtet, und es kommt darauf an, immer bei den besten Stöcken zuzugreifen.«

Konrad sagte, jeder Stock sei für ihn wie eine Möhre; das war mir neu, war er etwa Vegetarier geworden?

»Dummerchen! . . . ›Die Möhre‹ ist ein Vergleich, den vornehme Direktoren gerne anwenden; sie meinen damit, daß eine Möhre den Esel ständig vorantreibt — oder wie war das doch gleich?«

Ich weiß noch, daß Konrad durcheinanderkam und unter seinen verwegenen Löckchen ziemlich ratlos dreinblickte.
Aber als ihm der Arbeitgeberverband einfiel, war er gleich wieder bei der Sache:
»Ihr habt doch gehört, was der Boß damals im Fernsehen gesagt hat? Er hat sich wirklich reizend ausgedrückt, nämlich, daß ›jeder Mensch eine Möhre vor der Nase braucht, damit er stimulierende Konkurrenz verspürt und eine treibende Wachstumskraft wird‹; ja, das hat er gesagt, der Boß.«
Konrad wollte gerne eine treibende Wachstumskraft werden, wenn er bloß gewußt hätte, wie. Darum waren nur die besten Stöcke gut genug für ihn. Er konnte keinen Stock sehen, ohne »zuzugreifen«. Aber der »stimulierenden Konkurrenz« wich er aus. Besonders dem Setter Balder, diesem wuseligen Kleinunternehmer, der Konrad mit Vergnügen in seine alberne Schwanzquaste zwickte. Wir fragten uns, was der Pinsel Konrad eigentlich wollte, außer sich auf leisen Sohlen und klammheimlich unsere Stöcke unter den Nagel zu reißen.
»Ich will ganz einfach Macht«, sagte er. »Ich will Macht haben und Verantwortung tragen und über andere im Auslauf bestimmen.«
Konrad war nicht der Schnellsten einer. Stark war er ganz sicher nicht; das einzige, was er ganz gut beherrschte, war, einen verstohlen und hinterrücks zu zwicken.
»Ich bin cleverer als ihr«, sagte er, wenn wir ihn ausbellten, weil er ein Spielverderber war.
Er hielt sich selber für was Besseres.
»Ich bin ›auf Draht‹, mir stehen alle Türen offen«, sagte er mit einem schiefen Grinsen.
Das hatte er zu Hause gelernt, von seinem Herrchen, das die »hohen Tiere« kannte. Ob das vielleicht große Vögel sind?
»Nein, ›hohe Tiere‹ sind Leute, die sich Macht verschafft haben«, erklärte Konrad. »Die haben das Sagen über Otto Normalverbraucher und über die kleinen Leute — das seid nämlich ihr!«
Wir verkloppten Konrad ein bißchen, so dämlich kam er uns vor.
Später faszinierten uns die vielen »cleveren Tricks«, die er entweder erfand oder zu Hause lernte.
»Wenn man beispielsweise bloß den Belag von der Hundemarke abkratzt, sieht keiner, daß sie alt und ungültig ist . . . Mein Herrchen hat weiß Gott seit Jahren keine Hundesteuer mehr bezahlt!«
Wir waren sprachlos, was Konrad als Aufforderung nahm, von all den anderen Schwindeleien und Tricks zu erzählen, die er drauf hatte.
»Das machen alle so, die clever sind!« erklärte er stolz.

 Während wir uns diesen affektierten Pudel am Ufer vornehmen, geht mir Konrad einfach nicht aus dem Kopf. Nicht daß ich was gegen Pudel hätte, von wegen, sie können durchaus aufgeweckt und nett sein, trotz ihrer albernen Frisuren. Aber wie gesagt, Konrad.

»Was soll bloß aus dir werden!« seufzte Meppa träge.

»Ein Bürokrat!« antwortete Konrad. »Dann hab' ich jede Menge Macht. Da habt ihr es!«

Meppa fand sicher, so was absolut Hanebüchenes hätte sie noch nie gehört, nicht mal von Konrad. Aber ich mußte zugeben, wenn auch widerwillig, daß was dran war an dem, was er sagte. Bürokraten haben nämlich was Heimtückisches. Sie schnappen hinterrücks nach einem. Einen Bürokraten kann man selten stellen; sie riechen meistens ungefähr so wie normale harmlose Leute. Aber sie sind unter uns. Überall. Die Leute fürchten sich zwar noch nicht direkt vor ihnen, so weit haben sie es noch nicht gebracht. Aber sie kommen einem nicht sehr gelegen. Am wenigsten ihre braunen Briefe. Bürokraten schicken nämlich mit Vorliebe braune Briefe. Die Briefe können an und für sich auch weiß, grün, grau oder blau sein; aber der Inhalt ist immer braun.

Herrchen, der Gute, regt sich immer schrecklich auf, wenn er einen braunen Brief von den Bürokraten kriegt. Er schließt sich auf der Toilette ein. Dort schlitzt er den Brief auf. Ich höre, wie es mucksmäuschenstill wird, bis auf sein schweres Atemholen. Er stiert gerade in das Kuvert. Unten drin sitzt ein Bürokrat mit Fischaugen und trokkenem, verkniffenem Mund. Der Bürokrat starrt Herrchen an und zischt höhnisch: *». . . wurde nicht in Betracht gezogen.«*

»Na so was?« staunt Herrchen.

Darauf zischt der Bürokrat zum Beispiel, *»im Interesse einer zügigen*

Sachbearbeitung Ihrer Angaben« müßte Herrchen *»schriftlich innerhalb von acht Kalendertagen vom Zustellungsdatum an«* klagen, so gut er kann, sonst würde *»die Behörde die Rechtskräftigkeit der eingereichten Beschwerde unter Rücksicht auf den konventionellen Gleichheitsgrundsatz der Hundesteuernorm nicht anerkennen . . .«*.

Herrchen atmet schwer und begreift absolut nichts mehr. Aber das ist scheinbar der Zweck dieser braunen Briefe. Damit gewinnen die Bürokraten Macht über ihn, steuern und kontrollieren ihn. Das sind die legalisierten Ausschreitungen von Rechtsstaat und Demokratie. Denn was ehedem Dolch, Folterbank und Nagelkeule für die Räuber waren, sind heute die unverständlichen Wörter, die Paragraphen und Stempel für den Bürokraten.

Überall in unsere Gesellschaft steckt Konrad seine feuchte Nase. Das Schlimmste, was ihm passieren kann, ist, daß die Öffentlichkeit ihn naßspritzt.

Wenn der Pudel versucht, sich bei uns einzuschleichen, werde ich ausgesprochen mißtrauisch und wenig umgänglich.

Das Tier in uns

Die Menschen sitzen gern auf weichen Kissen und schlecken Süßigkeiten, während sie sich Raufereien ansehen. Die heißen bei uns in Schweden »unterhaltende Gewalt«, und man kann sie auf Vorrat kaufen (oder ausleihen), nämlich auf Videokassetten. Man kann sich auch was anderes ansehen; aber, wie einer der großen Videogiganten ein- für allemal festgehalten hat: *»Action wollen die Leute haben!«* Deshalb konnte ein riesiger Industriezweig entstehen, der in Raufereien macht. Es gibt sie in vielen verschiedenen Verpackungen: im Fernsehen, auf Videokassette, im Kino, in Zeitungen und Büchern – überall, wo »Action« dafür gut sein soll, eine öde Wirklichkeit aufzupeppen.

Ich, für meinen Teil, war schon immer der Ansicht, daß Raufereien und Kämpfe fies und überflüssig sind, etwas, was man wirklich um so gut wie jeden Preis zu vermeiden trachten sollte. Aber jetzt ist es offenbar an der Zeit umzudenken! Denn plötzlich sehe ich Herrchen mitten am hellichten Tag mit einer krümeligen Popcorntüte vor dem Fernseher sitzen, eine Art neubrutales Grinsen auf seiner angstschweißgebadeten Rübe.

»Na, Fridamädchen, jetzt kriegst du mal richtige *Action* zu sehen, also mach dich auf was gefaßt!« sagt er heiser und drückt auf die Video-Starttaste.

»Die Todesschwadron« hieß das Machwerk, und bereits während des Vorspanns wurde einer zusammengeschlagen, in Zeitlupe.

Aber mit der Farbeinstellung konnte etwas nicht stimmen. Es war ja alles viel zu rot . . . blutrot! So sind diese Actionfilme nämlich. Blutrünstig!

Eine Zeitlang ist er andauernd zum Videoladen an der Ecke gerannt und hat einen Actionfilm nach dem anderen ausgeliehen. Durch diese Bezeichnung, »Actionfilm«, wissen Kunden wie Herrchen genau, wovon die Filme handeln: *Action!* Das ist ein Sammelbegriff für verschiedene Formen von Gewaltanwendung in der Handlung. Aber das Blut sieht immer gleich aus, ketchuprot.

Aus Studiengründen habe ich mich zu ihm gesetzt und hingeguckt, wenn er hinguckt. Außerdem guckt er nicht gern allein. Ich kann mich gar nicht mehr erinnern, wie die Filme alle hießen. Aber das ist nebensächlich. Alle Actionfilme sind gleich, was die Gewalt betrifft. In den verschiedenen Variationen wird nur in geringfügigen Abweichungen voneinander gekracht, geschrien, zugestochen, gebrannt oder geblutet. Ich gähnte gerade herzhaft, da schlug ich plötzlich wieder die Zähne aufeinander, so baff war ich über eine Idee, die mir schlagartig einfiel: Was, wenn wir Hunde es den Menschen nachtun und unseren

Hier ein kleines Beispiel für eine Durchschnittsrauferei.

eigenen Zweig in der Videobranche starten?
Als erstes würden wir uns an eine unheimlich lange Rauferei machen, damit wir einen Grundstock haben, um spannende Actionfilme daraus zu fabrizieren.
Ich meine: einfach auf ein langes Videoband jedes Schnappen und Zausen in unseren Hundespielen aufnehmen. Jeden Satz, jeden Sprung. Jeden gebleckten Zahn und jedes Knurren. Eingezogene Schwänze und gesträubtes Fell . . . *Schnitt!*
Wir hätten dann sozusagen eine »Basis-Rauferei«, mit der wir weiterarbeiten könnten. Man bräuchte dann diese Rauferei bloß noch zu einer Menge verschiedener Episoden zusammenzuschneiden, die für eine ganze Videokassetten-Serie mit »dog action« ausreichten.
Dog Action! . . . Zack, da hatten wir schon den Namen für unsere Firma: *Video Production Dog Action.* Am besten gleich von Anfang an auf amerikanisch vom Leder ziehen, damit die Leute kapieren, daß wir es ernst mei-

nen. Dann bleibt im Grunde genommen nur noch eins zu erledigen: Wie nennen wir unsere Videoraufereien? Ich hörte mich um, aber die Vorschläge, die ich bekam, waren vom kommerziellen Gesichtspunkt eher zahm. *»Meppa & Frida im Scheingefecht«* ist natürlich an und für sich eine untadelige Verbraucherinformation.
»Aber mit Action ist es da nicht weit her!« meinte Svea.
»Außerdem besteht das Risiko, daß wir gute Rezensionen in ›Heim und Schule‹ kriegen, und dann sieht sich kein Kind unsere Streifen an«, gab Lukas zu bedenken; er hat nämlich Kontakte in der Branche.
Wir sammelten einen ganzen Haufen Videokataloge, um zu sehen, wie die Menschen es machen. Wie schafft man es, daß die Leute sich so einen Schrott wie »Die Todesschwadron« leihen? Ganz einfach so:
». . . Er war jung und erfolgreich, hatte ein schönes Haus und eine wunderbare Frau – sein Glück war vollkommen. Aber plötzlich, über Nacht, wurde sein Leben zur Hölle. Terroristen drangen in sein Haus ein, zerstörten alle Wertgegenstände, vergewaltigten und ermordeten seine Frau und überließen ihn verblutend seinem Schicksal. Nach monatelanger Behandlung im Krankenhaus kam er nach Hause zurück, an den Rollstuhl gefesselt. Die Polizei hatte den Fall zu den Akten gelegt, deshalb beschloß er, das Gesetz selbst in die Hand zu nehmen . . . Die Freunde aus seiner Zeit in Vietnam kamen ihm zu Hilfe – THE KILL-SQUAD! . . .«
»Ach, du willst mich veräppeln . . . zeig her!« rief Svea mißtrauisch. Sie durfte sich also selbst mit einiger Mühe durch die Anzeige von »Viking Video« in Varberg buchstabieren.
»Zieht so ein Schund die Leute an?« wollte Butler wissen.
»Sie leihen ihn aus«, antwortete ich. »In sämtlichen Tausenden von Videoläden, über die ganze Welt verteilt. Was das für Unsummen einbringt!«
Zu Anfang kriegten wir uns in die Haare, wie unser erster kleiner »Brutalo« heißen sollte, aber dann erzielten wir doch die Einigung: *Mörder-Meppas geiferndes Gebiß* vereinte geschmackvolle Eleganz mit kommerzieller Botschaft. Dann erst begriffen wir, wie verkorkst wir Hunde sind. Besser gesagt: wie überlegen der Mensch ist, daß er sogar seine Schwächen ausnützen und daran verdienen kann!
Der Mensch hat eine Schwäche für Gewalt, er ist fasziniert von seinen Aggressionen. Er empfindet das als Stärke. Er gehört zu den wenigen Säugetierarten, die töten können um des Tötens willen und nicht etwa nur aus der Notwendigkeit der Jagd, der Verteidigung oder des Überlebens heraus. Eine andere dieser seltenen Arten

Man kriegt nicht nur ein zerzaustes Fell…

…sondern auch krause, grummelige Gedanken.

Meppa muß bei dem Anblick beruhigt werden: »Es ist doch bloß ein Spiel!«

ist die Ratte; genau wie der Mensch verfügt sie außerdem über das Vermögen, Genuß aus dem Leiden ihres Gegners zu ziehen.

Gewalttätigkeiten werden oft fälschlicherweise als Ausdruck des »Tiers in dir« erklärt. Eine gänzlich verkehrte Definition der unnatürlichen Gewaltmechanismen des Menschen. Das weiß ich jetzt. Ich habe nämlich die berühmte Schrift des Hundefreundes, Zoologen, Verhaltensforschers und Nobelpreisträgers Konrad Lorenz durchgekaut: »Das sogenannte Böse«.

Es war nicht gerade beruhigend für mich. Ich glaube, sie wird bald auf Videokassette zu haben sein, weil sie so erschreckend die Gewalttätigkeit des Menschen und seine Aggressionsmuster bloßlegt.

Nun sehe ich Herrchen, diesen pummeligen Repräsentanten des furchtbaren Menschen, mit ganz anderen, schreckhaften Augen. Ich weiß jetzt, daß lediglich seine Sperrmechanismen ihn davon abhalten, mit bloßen Händen jeden zu erwürgen, über den er sich ärgert. Dagegen fehlen ihm die nötige Phantasie und auch das Einfühlungsvermögen, einen Massenmord nachzuvollziehen. Deswegen ist er dazu geeignet, auf den kleinen Knopf zu drücken, der unseren ganzen Auslauf für immer vernichten kann.

Der Mensch läßt sich ja nicht gern von mehreren Gewalttaten gleichzeitig unterhalten, weil er dann nicht alles mitkriegt. Die Gewaltindustrie liefert daher sozusagen Morde in Miniportionen: Ein Stück Mensch bringt ein Stück Mensch um, in deutlicher Nahaufnahme und am besten in Zeitlupe.

Ob es wohl auf einem normalen Bildschirm zu flach aussehen würde, wenn die ganze Menschheit auf einmal verbrennt, obwohl es unbestreitbar eine ziemlich starke Action gäbe?

Der phantasielose Durchschnittsmensch kann die endgültige Katastrophe auslösen, nicht einer von diesen Todeswütigen aus der Unterhaltungsindustrie. Ist es nicht gut zu wissen, daß wenigstens ein normaler Mensch auf den Knopf drücken wird?

Die Wirklichkeit kann einem schon unverständlich vorkommen. Aber brutale Filme werden von allen verstanden. Sie geben deutliche Anweisungen, wie man seine Konflikte mit *Gewalt* löst, wie man durch *Action* Siege erringt, wie man sich als *Fighter* immer durchschlägt . . .

Svea ist so kindisch, daß sie sich vor jeder Art von Gewalt fürchtet, auch auf Kassetten. Mir geht es genauso. Drückt jetzt auf den Knopf, der die Gewalt abstellt! Laßt uns lieber alle auf das »Tier in uns« hören! Es ist ein Tier mit seidigem Fell, freundlichen Augen und einem treuen Herzen.

. . . aber wo kommen die Stöcke alle hin?

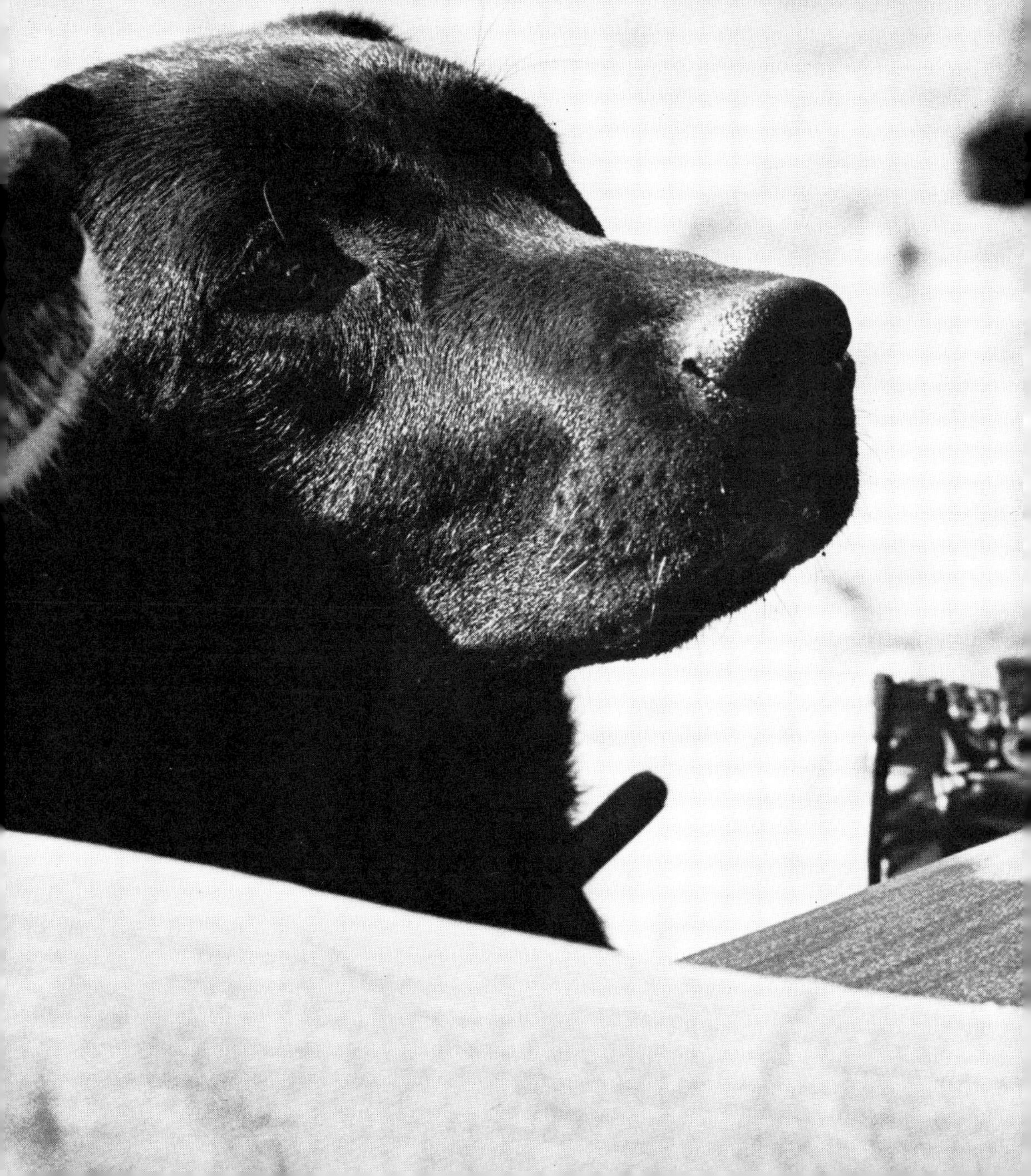

Das ist eine Frage, die immer öfter unter den Tisch fällt.
Stöcke betrachtet man als etwas Selbstverständliches. Man möchte sie immer vor der Nase haben, sie sollen sich einem überall anbieten und bereit sein, wegen des nächsten Stocks, der einem besser schmeckt, verlassen zu werden. Man ist zu Stöcken so wie zum Leben insgesamt.
Jetzt müßte ich eigentlich die Antwort rausrücken auf die Frage: »Na, Frida, welches waren denn nun deine besten Stöcke?!«
Aber ich weiß es nicht! Und zwar ganz einfach deswegen, weil jedes gute Leben von so vielen Stöcken umrahmt ist. Alle haben einen eindeutig hölzernen Beigeschmack. Manchmal genießt man das erregend süße Aroma des Erfolgs, aber meistens schmeckt es salzig nach Kämpfen oder bitter nach Niederlagen. Meine besten Stökke schmecken nach Freundschaft. Die zergehen einem auf der Zunge.
Von solchen Stöcken hat dieses Buch hauptsächlich gehandelt.
»Du, Frida, was machen wir denn, wenn die Leute meinen, es ist nichts Aufregendes dabei, bloß über Freundschaft zu lesen?« fragt Svea besorgt. Sie sagt, eigentlich sei nicht sonderlich viel passiert. Nicht reißerisch genug, keine besondere »Action«. – Aber ich finde, so sollte ein wirklich gutes Leben sein!
Das besteht vor allem aus liebevollen Gemeinsamkeiten unter Freunden, die selten mal ihr Nackenfell sträuben. Es braucht nichts »Aufregendes« zu geschehen. Gute Tage sind selten »phantastisch«, und es ist dann auch

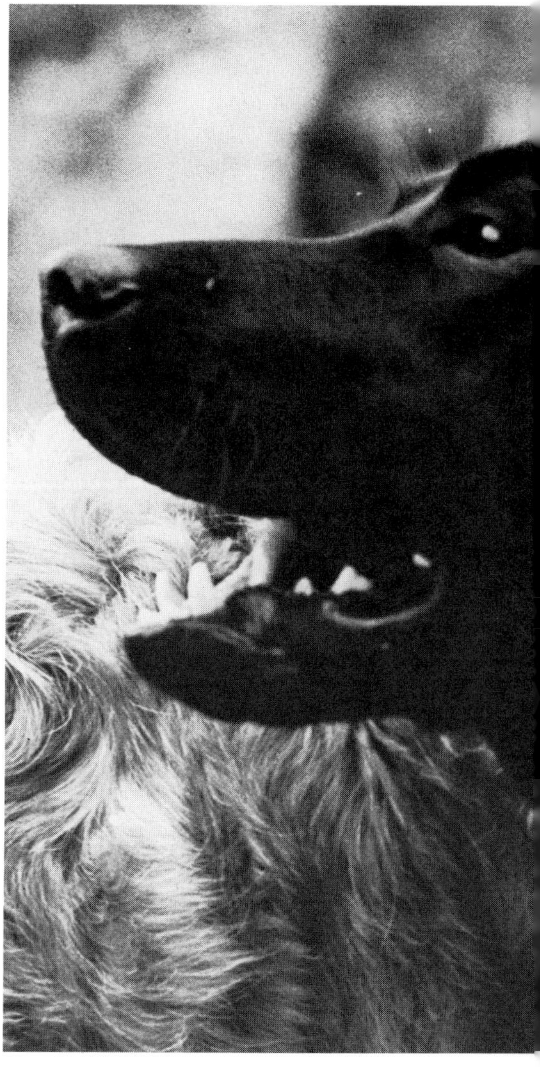

nicht unbedingt großartiges Wetter. Sie sind einfach nur gut.
»Svea, wenn du jetzt zum Schluß die Seite hier umblätterst, kannst du dir ein Bild davon machen, was ich unter einem guten Leben verstehe.«

Wo die Stöcke alle hinkommen? Sie kommen einem eines Tages abhanden, ganz gleich, wie vorsichtig man kaut.
Mit Freundschaften ist das was anderes.

Frida und Svea, in lebenslanger treuer Freundschaft verbunden.

CIP-Kurztitelaufnahme der Deutschen Bibliothek

Hedlund, Oscar:
Frida: Memoiren e. Hundes / Oscar Hedlund. –
Hamburg; Zürich: Rasch und Röhring, 1986.
Einheitssacht.: Mina bästa pinnar ‹dt.›
ISBN 3-89136-060-6

Lektorat: Doris Brohn
Einbandgestaltung: Studio Reisenberger
Gesetzt aus der ITC Garamond light
Satzherstellung: alphabeta Gerds & Kohn GmbH, Hamburg
Druck- und Bindearbeiten: Mainpresse Richterdruck, Würzburg
Printed in Germany